JN077523

ゴルフ
パッティング
大全

パターがめちゃめちゃ
入るようになるヒント集

GOLF EXPERT
ゴルフエキスパート

河出書房新社

はじめに

世の中にはさまざまなスポーツがあります。そして、どんな競技においても、その道のプロはアマチュアにはない能力をもち、ハイレベルな技術を身につけています。

我々には大谷翔平（おおたにしょうへい）選手の投げる球が打てないばかりか捕球すらできませんし、テニスのノバク・ジョコビッチ選手のサービスがラケットにカスることもありません。どんなスポーツでも、プロとアマチュアの間には越えることのできない壁が立ちはだかっているものです。

ゴルフも例外ではなく、プロは高い技術と経験値を備えています。

ただ、ほかのスポーツとちょっと違うのは、アマチュアでもプロレベルにまでなれるジャンルがあること。それがグリーン上でのパフォーマンス、パッティングです。

ドライバーで300ヤード飛ばすプロも、200ヤード飛ばないアマチュアも、まず目指すのは2パットで上がることですが、この目標はアマチュアでも比較的容易に達成できます。

たとえば、真っすぐな5メートルのパットを2つで沈める場合に、すごく困難と感じる人は少ないでしょう。苦労しても楽々でも、狙ったファーストパットが惜しくも外れようが、ハナから2パット狙いだろうが、結果的に2パットなら一緒です。

これが普通になり、18ホールすべてを2パットで上がればトータル36パットです。さすがにトーナメントで優勝争いを演じるプレーヤーは20パット台でラウンドしていますが、30パット以上打っているプレーヤーは何十人もいます。

そう見ればプロとアマチュアのパット数にはショットほど大きな差はありません。プロがすごいのは最悪でも2パットで上がれることで、どんなパットでも一発で沈めるわけではないのです。

こう書くと、そもそもプロとアマチュアではプレーしているグリーンが違う、という人もいるでしょう。プロのグリーンは速くてアマチュアのグリーンは遅い、というわけです。

確かにそうですが、プロだって普段アマチュアがプレーしているグリーンでやったら苦労します。そう考えればお互い様です。

とはいいつつ、プロとアマチュアの間に差はあります。プロは超ロングパットでも確実にワンパット圏内に寄せる。また、1メートル以内も確実に沈め、〝ここぞ〟という場面のパット、とりわけパーパットを外しません。

しかし、これは決して埋まらない差ではなく、埋めるのもさほど難しくありません。なぜなら、アマチュアは圧倒的に練習量が不足しているからです。

パットの重要性を痛いほど知っているプロは、その練習に多くの時間を割きます。練習すればスコアに直結することがわかっているからです。特にショートパットは効果てきめんなので入念に練習します。

プロのパッティング技術はある意味ピークで、練習はそれをキープするためにやっている。ポンポン入るのはタッチや方向性、グリーンとの相性など、カップインに必要なすべての要素が揃ったときだけ。プロはきたるべきそのときに備えて、あるいはそんなシーンを引き寄せるために日々練習を重ねていますが、それでもなかなかそんな日はこない。ですから、練習しないアマチュアが3パットするのは当然なのです。

また、アマチュアは技術をはじめ、グリーンについてなどパットを取り巻く知識も大幅に不足しています。経験値の高いプロでも間違えたり、勘違いを起こすのがグリーンという空間。その特異性を知らなければ太刀打ちなどできるはずがありません。

本書は、アマチュアゴルファーをプロレベルの2パットプレーヤーにするために編集しました。そのために必要なグリーンに関する知識、セットアップ、パッティングテクニック、パターやボールに関して知っておきたいことなどを網羅してあります。すでにご承知のことについては読んでいただく必要はありません。興味が湧いたことを取り入れていただくだけでも十分です。

アマチュアの練習不足は否めませんが、一朝一夕に練習量を増やすのは難しいでしょう。でも、ことパットについては、知らないことを知り、考える時間を増やすだけでも3パットが2パットに、2パットが1パットになる可能性があります。つまり、それも練習のうち。身近なところから着手して練習量を増やしていただければ、パットは絶対に上達します。その一助になるのが本書。大いに活用してください。

著者

ゴルフ パッティング大全 パターがめちゃめちゃ入るようになるヒント集

目次

第1章 パットはスコアアップの特効薬

第2章 パットはいかにグリーンを読めるかの勝負

第3章

狙い通りに打つためのセットアップ術

第4章 パットはタッチがすべて「距離感の出し方」

第5章 イメージ通りのボールが出る狙い方と打ち方

第6章 イメージ通りに打てる道具の選び方&パットの科学

第1章
パットはスコアアップの特効薬

パットの
ポイント

1

パットの意義

すぐにスコアを縮めたいならパットを減らせ

パット数はスコアの多くを占める要素で、ゴルフがうまくなるほどその割合は増していきます。

たとえば18ホールすべてでパーオンし、パープレーで回ったとしたらパット数は36。何と72ストロークの半分を占めることになります。

「パット・イズ・マネー」とはトーナメントプロにおけるその重要性を表したフレーズですが、大事という意味ではすべてのゴルファーに共通なわけです。

トッププロの1ホールにおける平均パット数は1・7パット台前半です。仮に1・7としたら18ホールで30・6パットです。継続するのは難しいかもしれませんが、1ラウンド単位ならやり方次第でアマチュアにも出せる数字です。叶えばスコアは飛躍的によくなるでしょう。

100切りや90切りを目指すゴルファーの場合、1ラウンドで3パット以上のホールがいくつかあると思いますが、これを2パットにするだけで確実にスコアは縮まります。

しかも**3パットを2パットにするのはショットでスコアを縮めるよりずっとやさしい。**アベレージゴルファーのパットはスコアへの貢献度が大きいのです。

ということで、あなたが真剣にスコアを縮めたいと思っているなら、まずパット数を減らすことを考えるべきです。

パットのポイント 2 セオリーの考え方

セオリーには正解もあれば不正解もある

「パットに型なし」といわれます。ルールに抵触しなければ、どのようにパターを持ってもいいし、どんなふうに構えてもよく、打ち方にも制約がない、ということです。

でも、その割には「正しい構え方」や「入る打ち方」が、さまざまなメディアで紹介されています。

これはかつてのスイング分析と一緒で、パット巧者のプロのパッティングスタイルを真似たり、うまい人が共通してやっていることや、その傾向をまとめたもの。その中でより多くのゴルファーに受け入れられたものが、いわゆるセオリーになっています。

セオリーはどれも正解ですが、中には不正解のものもあります。多くの人にとっては正解でも、あなたには不正解なことがあるからです。

たとえば「パットは上りを残す」といわれますが、下りのほうが打ちやすい人にはあてはまりません。また、「アドレスではフェースを目標とスクエアにする」のがもっぱらですが、開いて構えても、閉じて構えても間違いではありません。インパクトの瞬間にスクエアになればいいからです。

このようにセオリーはすべてのゴルファーに適合することではありません。特にパットはそうで、基本自由でいい。少なくともセオリーに固執するのはやめましょう。

パットのポイント

3

パットの本質

容易にカップインできるパットはない⁉

トーナメント中継で映し出されるプロはパットをボコボコ入れていて、つくづく「うまいなぁ」と思います。しかし、そんなシーンのほとんどは、〝ここぞ〟という見せ場のパット。いわゆるクラッチパットであることを忘れてはいけません。

トッププロの平均パット数は1・7パット台の前半。悪くても1・8台に止めないとツアーでは戦えませんが、だからといってどんなパットでも入れてくるかといえば決してそうではありません。

世界最高峰で信頼できるデータが揃うアメリカPGAツアーでは、1・5メートル以内のパットの成功率は50％台。それが2倍の3メートル以内になると30％程度になり、6メートル以内になるとトップランカーでも15％程度。9メートル以内では10％にすら至りません。世界のトッププレーヤーといえども3メートル以内は3回に1回入ればいいほう。ボコボコ入っているわけではないのです。

ただしショートパットになると、約60センチ以内で99％、約90センチ以内でも96％の確率で沈めています。さらに、トップランカーはバーディーパットであれパーパットであれ、

ポイント

クラッチパットを入れてきます。かつてのタイガー・ウッズがいい例で、驚愕のパッティングシーンの数々が脳裏に焼き付いている人も多いでしょう。

プロがパットをどう考えているか知ろうと、海外メジャーで優勝経験のあるツアープロに「絶対入るパットは何メートルですか？」と聞いてみました。すると「絶対入るパットなんてはありませんよ」という答え。

そこで聞き方を変え「では、入れにいくパットは何メートルから？」と聞いたところ、「50センチ。いや、50センチも危ないな。30センチです」ということでした。

さて、あなたはどうでしょう？　「50センチなら絶対入る！」と思っていないでしょうか。アマチュアがプライベートでラウンドする場合、30センチはほぼＯＫが出ますから、

パットの

プラス20センチなら楽勝と考えるかもしれません。**でもプロは50センチでも怖い。パットとは本来そういうものなのです。**

アマチュアのパットの成功率は、アベレージゴルファーで1メートル以内が60～70％、2メートルになるとその半分程度になるといわれています。この数字からすれば、ミドルパットより長いパットはまず入らないといえます。

バーディーチャンスにつけたり、パーセーブを目前にした1メートルのパットを外すと、とてつもなく悔しい思いをします。同伴競技者から「もったいない」などといわれ、顔から火が出る思いをした人もいるでしょう。

悔しい気持ちはわかりますが、それはとんでもない見当違い。容易にカップインできるパットなどひとつもないのです。

パットのポイント

4 パットの考え方

プロは「入れよう」と思っていない!?

「この1年で10メートル以上あるロングパットを何回決めましたか?」とある若手プロに聞くと、

「1回もありません」と即答されました。

「ショットがいいから、そんなに長いパットはなかったのかな」と探りを入れたら、「そんなこと全然ない。本当に1回もないですよ」とのこと。さらにプロは続けます。

「そもそもそれだけ長いパットは入れようと思ったって入りません。もちろん過去には何回も入っていますが、入れにいったことなんてただの一度もない。入れたんじゃなく、みんな入っちゃったんですよ」

もちろん、みんながみんなこうではありませんが、プロはおしなべてパットを「入れよう」とは思っていないようです。

理由のひとつは、打ってしまったボールは自分ではどうにもできないから。グリーンを転がるボールは地面のちょっとした凹凸にも反応する。目に見えない砂粒やスパイクマークの上を通るだけで方向が変わってしまいます。入れようとすると、自分ではどうにもならないことで一喜一憂することになる。これではストレスが溜まるだけで、いいことはひ

ポイント

パットの

とつもありません。

また、結果がダイレクトにスコアに反映されるパットでは、ショット以上にミスに敏感になります。入れようと思ってミスするとショックが大きいだけでなく引きずりやすい。もちろん、ミスによっては修正しなければなりませんが、ラウンドで多くのことはできないので望み薄です。

さらにパットには、入るか入らないか、一か八かの面があります。「絶対に入れなきゃ」と思うほどプレッシャーがかかる。毎ホールそんなパットを自分に強いていたら18ホールもちません。

詳細はあとの章で記しますが、パットでは傾斜を見る、ラインを読む、距離感を出すなど、打つ前にやらねばならないことが山ほどあります。入れようとすると、すべてをちゃんと行っても、打つ段になるとなにかが抜けます。たとえば「カップ2個分スライス」と決めても、上りを忘れて大ショート、といったことが起こる。これはプロでもやることで、気合を入れたパットほどやりやすい。**つまり、入れようとするほど難しくなるのがパットなのです。**

とはいえ「入らなくてもいい」と思って打つわけでありません。カップインさせる、あるいはイメージ通りのパットをするために頭をフル回転させ、最善のストロークができるように全力を傾けます。

それでも最終的には「入ればラッキー」。どんなパットでもスコアは意識せず、なるべく気楽に打つ。そのほうが打ったボールはもちろん、メンタル的にも波風が立たない。外れても平常心を失わずにいられます。

パットのポイント

5

感覚

自分の感覚を生かそう！

セオリーといわれていることがすべてのゴルファーに通じない理由は、人それぞれ感覚が違うからです。

トーナメント会場に足を運び、パット巧者のプロに「どうしたら寄る？」「どう打ったら入る？」と質問すると、全員が首を傾げ「わからない。そんな方法があったら教えて」といいます。これでは記事になりませんから、たとえば「頭は動いてますか？」と聞きながら目の前で打ってもらうと動いていない。ここから「頭は動かさないことが大事」という具合に記事ができていきます。

もともとパットが得意でなく、独自に研究してきたプロは合理的に説明してくれますが、ハナからうまいプロは語れない。それだけ感覚に頼って打っているということです。

パットやアプローチで距離感を出すときに「下手投げでボールを投げるイメージ」といいますが、同じ距離を投げる場合でも感覚は人それぞれ。腕の振り方や手首のスナップの使い方も変わります。

パットはすべてのストロークの中で、最も感覚に左右されます。感覚はフェースがボールをとらえたときの打感であったり、打ったボールのスピード感だったり、手元を動かす速さ感だったりします。**何でもいいので自分なりの感覚を生かしたほうがパットは上達します。**感覚をおろそかにしてはいけません。

パットのポイント

6

練習

アマチュアは圧倒的に練習不足！

「100が切れない」「1ラウンドで2〜3回は3パットする」というアマチュアの大半は、パットの練習をしていないか、練習が不足しています。

アマチュアはスコアアップを目指すにあたり、まずショット練習を重点的に行います。もちろん悪くはありませんが、効率面を考えると「？」。ショットではいろいろなクラブを使い、ボールのライや距離、状況もさまざま。練習場のような好条件で打てることはないため、練習が実戦に直結しづらいからです。

その点、パットはボールを転がすだけで練習になります。ラウンドと同じ条件では打てないとしても、ショットほど自然条件には影響されませんから実戦に直結しやすい。ロングパットの練習はしづらくても、必ず打つ機会のあるショートパットの練習はショットよりずっと手軽にできます。

パターマットを買ってもいいし、カーペットの上でもいい。パッティンググリーンがある練習場に行ったら、ショット練習のついでに必ずボールを転がしましょう。また、コースはこれ以上ない格好の練習場。**スタート前にタッチを合わせるだけでなく、ハーフターンのインターバルやラウンド後にちょっとでもいいから練習しましょう。こうすればパット数は必ず減ります。**

パットのポイント 7 プロとの違い

プロのパットとアマチュアのパット

動画や雑誌、書籍など、今はさまざまなメディアを通してプロのテクニックを知ることができます。パットについても、いろいろな教えに触れるのはいいことです。

ただ、ツアープロのテクニックを見聞する際には気をつけておかねばならないことがあります。グリーンの違いです。

ツアープロがトーナメントでプレーしているグリーンと、アマチュアが一般営業のゴルフコースで対峙するグリーンには大きな違いがあります。簡単にいえば**プロのグリーンは速く、アマチュアのグリーンは遅い。**

ポイント

一定の角度まで傾けてボールが転がる速さを計測するスティンプメーターで測った場合、プロのトーナメントでは平均11～12フィート、大会によっては14フィートもの速さになります。アマチュアが普段プレーしているグリーンはおおむね9～10フィートで、2ケタフィートになると速いと感じます。トーナメントグリーンはとてつもなく速いのです。

ついでにいうと硬さも違う。コンパクションメーターという機器の計測数値で11～12ミリが平均的な硬さですが、プロのトーナメントでは12～14ミリ程度（数値が大きいほど硬い）。一般営業ではもっぱら10ミリ以下。柔らかいのでボールが止まりやすく、遅めのグリーンになります。

いうまでもなく、トーナメントグリーンはボールがよく転がります。パットではよくボールの転がりが取り沙汰され、アマチュアは、「プロのように転がりのいいボールを打ちたい」と思います。でも、転がりがよくなるおもな理由はグリーンが速いから。コンディションがいいからともいえるでしょう。

できる限り公平を保つために、トーナメントグリーンは入念に整備されています。刈り高が揃っているのはもちろん、小さな凸凹もないよう毎日メンテナンスしていますから転がりがいいのは当然。**その転がりをアマチュアがプレーするグリーンで再現しようとしても無理というもの。**小さな凹凸に接するだけ

パットの

でボールはヨレてしまうのですから。

グリーンコンディションはラインの読み方にも影響します。速ければ切れづらい。タッチを出すのは感覚ですから、打ち出し方向はプレーヤーによって違います。

もちろんストロークにも影響が出ます。たとえば同じ距離を打つ場合でも、グリーンが速ければ振り幅は小さくなり、遅ければ大きくなる。インパクトの強さにしても、前者は弱く、後者は強くなるでしょう。

プロのテクニックを参考にするのは大いに結構ですが、土俵の違いを踏まえておかないと意味がありません。アマチュアのほとんどはロングパットが苦手で、しかも打ち切れないことが多い。これはボールがよく転がるグリーンに慣れたツアープロの教えを踏襲しているからかもしれません。

パットのポイント

8

イメージ術

ボールを止めるイメージが役立つ

グリーン上での自分のプレーを冷静に振り返ると、あることに気づきます。入れにいくパットよりカップに寄せにいくパットのほうがはるかに多いことです。

すべてのパットを入れにいく人もいますが成功確率は極めて低い。入れにいくタイプの人の多くはそれを承知していて、頭のどこかで結果的に寄ればいいと思っているものです。

それはさておき、みなさんはボールを狙ったところに止めるイメージでパットすることがあるでしょうか？　常にカップに沈めるつもりで打っていたら止めるなどとは考えませんが、パットではボールを止める発想が意外にモノをいいます。

カップに届かなければ入らないのがパット。しかし、その一念で打ったらとんでもなくオーバーして返しも外した、といった経験があると思います。

逆に、下りのパットでカップを意識しすぎてショートすることもあります。

ポイント

狙ったところにボールを止める意識があると、このような事態を未然に防げます。

たとえば、カップまで5メートルの上りならカップの先50センチ以内に止める。同じ距

パットの

離の下りならカップの手前20センチに止める。イメージ通りに打てれば2パットで収まる確率が高いだけでなく、カップインする可能性もあります。

そもそも入る確率の低い距離ですから入れば儲けもの。入らなくても2パットですめば、間違いなくスコアアップにつながります。

冒頭で記したようにパットでは圧倒的に寄せるシーンが多い。その場合の理想は、カップインする含みをもたせつつボールを止めるパットなのです。

また、**ボールを止める意識は距離感の養成にもつながります。**距離感はパットで一番大切な要素。アマチュアは距離感さえ合えばパットが安定します。

常にカップインを狙っていると距離感は養えません。弱くてカップの手前で止まるならまだしも、強く打って入ったら、外れたときにどこまで転がるかわかりません。

プロはカップのないところで練習することも多いですが、それは自分の距離感がどれだけ合っているかを確かめるためです。

ボールを止める発想があると、打つ距離をイメージするようになります。ロングパットは2パットで収まりはじめ、ミドルパットは多少なりとも入る確率がアップします。

また、上りも下りも所詮は距離感。上りはカップの先、下りはカップの手前に打つ距離感があれば結果的に寄るだけでなく、入ることもあります。

さらに、イメージより大幅にオーバーやショートすれば距離感が出ていないことに気づき、修正をかけることができる。スタート前の練習が俄然意味のあるものになります。

パットのポイント

9

集中力

集中力のピークをグリーンに！

スコアアップにはすべてのストロークが大事ですが、アマチュアはショットに重きを置きすぎる傾向があります。ナイスショットを打つためには、ティアップする位置やティアップの高さ、番手の選択、風を読むなど、いろいろなことに気を配らなければなりません。

もちろん最低限のことはやらなければいけませんが、たとえばラウンドでスイングのことをちまちま考えても200ヤード先の狙った地点にボールを運べる確率は低いまま。つまり、満足する結果が得づらいところで集中力を使うのは合理的でないということ。グリーンに乗った頃には疲れてしまいます。

ロングパットでも入る確率がゼロではありません。入れば即スコアにつながる。ショートパットならその確率は格段に上がります。ならば、**結果を得やすいところでこそ集中力を発揮すべきです。**

結婚を申し込むために彼女の実家を訪ねたとき、玄関でいきなり「娘さんをください！」という人はいません。上がって挨拶し、会話を進めていって、しかるべきタイミングがきたら切り出す。ゴルフも同じでクライマックスはグリーン上。たどり着くまではエネルギーを温存しておきたい。ショットに費やしているエネルギーをパットに振り分ければ、ショットも気楽に打てます。

第２章
パットは いかにグリーンを 読めるかの勝負

パットのポイント

10

グリーンの傾斜

「グリーンを読む」とは傾斜を読むこと

グリーン上でプレーヤーができるのは、置いたボールを狙った方向に打ち出すことだけです。

打ち出されたボールは、グリーン面のさまざまな要素に左右されつつ転がりますが、ボールへの影響力が最も大きいのはグリーンの傾斜。上り傾斜なら球足は削がれ、下り傾斜なら打った瞬間から球速が増す。左が高く右が低い傾斜ならボールは右に曲がり、右が高く左が低い傾斜なら左に曲がります。

パットを成功に導くにはグリーンを読むことが欠かせません。グリーンを読むとは、すなわち傾斜を読むこと。ラインを決めるにはタッチやボールスピードを考慮する必要がありますが、傾斜が読めないことにはそれもままならない。ですから、**なにはともあれ、できる限り正確にグリーンの傾斜を掴むことが求められるわけです。**

とはいえ傾斜を読み切るのは容易ではありません。平らに見えるグリーンでも必ず微妙な傾斜が入っているし、明らかに傾斜していることがわかっても、その中にいくつもの小さな傾斜が混在しているからです。

プロにとっても傾斜を読むのは難しい。そのため、トーナメントでは傾斜を数字に置き直し、詳細に記した虎の巻的なメモが欠かせません。ライン読みは傾斜を摑んだ先にあることを心得ましょう。

パットのポイント

11

傾斜を読む

グリーンを狙う時点で傾斜を見る

傾斜を読む作業は、グリーンに向かってショットを打つ前からはじめなければいけません。

ホールによってはグリーンが見えなかったり、遠いこともありますが、知っておかないと次打を難しくしかねません。

たとえばピン位置が左端で、左から右へ下り傾斜のついたグリーンだったとします。この場合、ピンを狙って左に外すと、次打はショートサイド（ピンに近い側）から下り傾斜に向かってアプローチすることになります。

そうなると寄せが難しいのでピンは狙わないとジャッジできます。グリーンの大きな傾斜を把握できるだけでなく、次打を難しくしないこともできるのです。

でも、それで終わりではありません。打ったところからグリーンに向かいながら傾斜の情報を修正したり、同伴競技者のショットやアプローチを見てグリーンの速さにアタリをつける、あるいは細かい傾斜の情報を入れるなど、**グリーンに乗るまでにやることは山ほどあります。**

プロはこういった種々雑多な情報を整理して取捨選択する習慣ができています。自分のボール位置に対して不要な傾斜の情報を排除したり、地形や池の位置、陽のあたり方などから芝目を予測するといったことまでしています。

パットのポイント

12 傾斜を読む

日本のグリーンはおおむね受けている

日本のゴルフ場のグリーンの多くは、手前（花道）側が低く、奥に向かって高い〝受けグリーン〟です。日本では緩やかであれ急であれ、ティイングエリアから2打目地点に向かって低く、そこからグリーンに向かって高くなる傾向のホールがたくさんあります。

ホールの真ん中付近に水を誘導して水はけをよくするためですが、その流れに沿ってグリーンがあるので受ける形になっている。

また、ショットをグリーンの奥に外すと時間がかかるので受けグリーンにしているという説もあります。

いずれにしても手前から奥に向かって上っている。「手前から攻める」のがセオリーとされるのはこのため。奥からだと下りの速いパットになり、グリーンをオーバーすれば難しいアプローチを強いられるからです。

もちろん全部が全部受けグリーンではありません。また、全体的に受けていても、その傾斜の中にいくつもの傾斜が潜んでいます。

でも、ボールの転がりに最も影響するのは大きな傾斜。誰が見ても同じに見える傾斜は大きな傾斜で、大前提として考慮しなければならない大事な要素になります。

花道側が低く奥に向かって高い“受けグリーン”

日本のグリーンの多くは手前から奥への上りが最も大きな傾斜。奥からのパットは速い下りになり、グリーンをオーバーするとアプローチも難しい。そのため「手前から攻める」のがセオリーとされる。細かいラインを読む場合に大前提として考えておかなければいけない傾斜となる

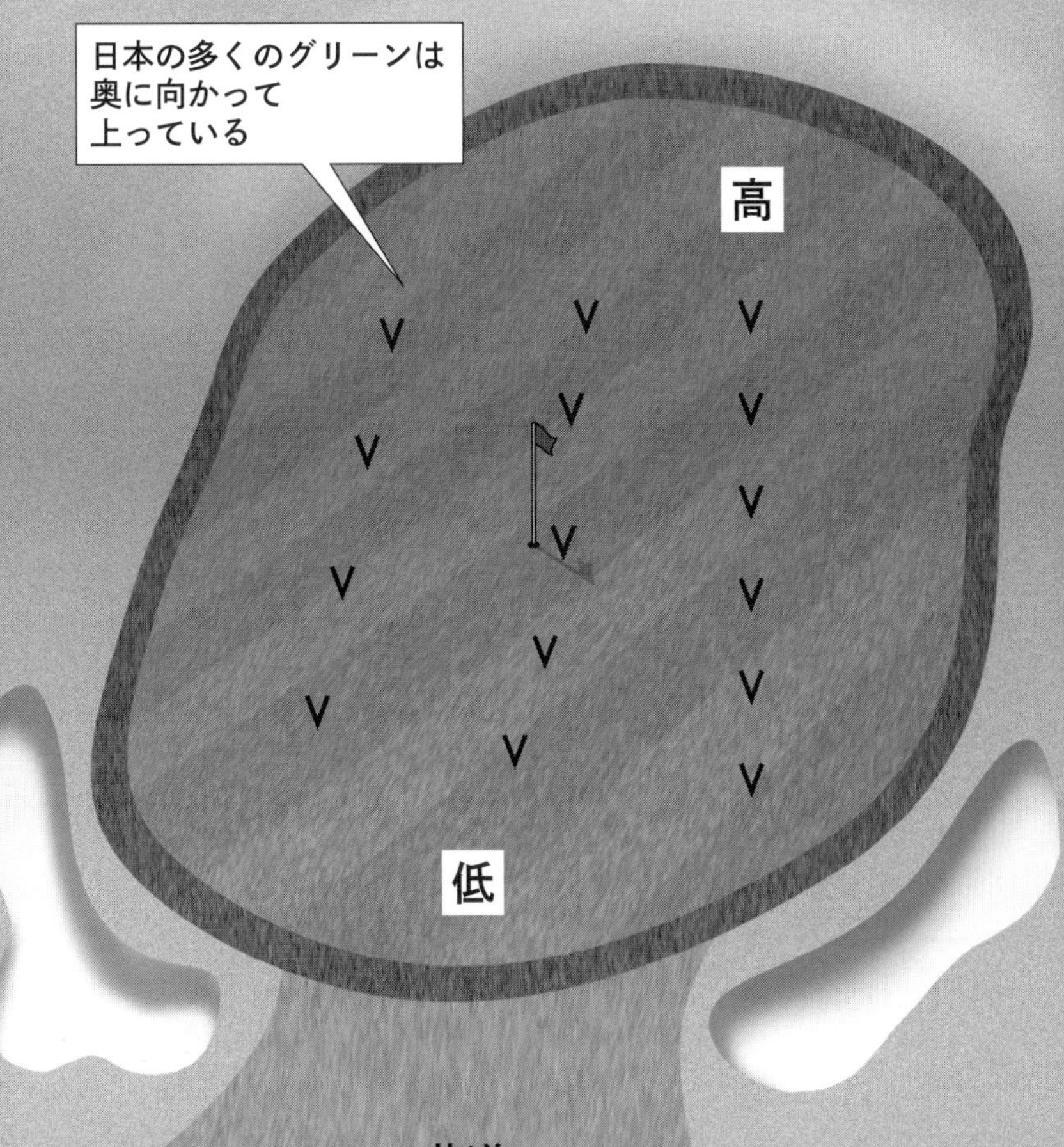

パットのポイント

13

傾斜を読む

グリーンに乗ってから傾斜を見ても遅い

グリーンでまず読むべきは傾斜。中でもボールの転がり方に影響しやすい大きな傾斜ですが、これはグリーンに乗ってしまうとわからなくなります。私たち人間は素晴らしい平衡感覚を備えていて、傾斜地でもバランスをとって立つことができます。

これはいいかえると傾斜の感覚を消すことでもある。さすがに立っているのがやっとの急傾斜なら傾斜を感じたままですが、**いくら大きいといえどもグリーン程度の傾斜なら持ち前の平衡感覚で順応します。そのため乗ってしまうとわからなくなるのです。**

となれば、乗る前に傾斜を見るしかありません。グリーンに行くにしろ、アプローチに向かうにしろ、必ず遠景からグリーンを見ましょう。グリーンの右がノリ面なら右から左に下り、というように傾斜は地形の延長上にあることも多い。また、グリーンに向かってずっと下っていると、乗ったときに上っているように感じるなど錯覚も起こします。

乗る前に大きな傾斜を把握しておけば雑多な情報に翻弄されません。また、大きな傾斜はラインを読んでいる途中で迷ったときの判断材料になることも多いのです。

グリーンに乗る前に必ず全体の傾斜を見ておく

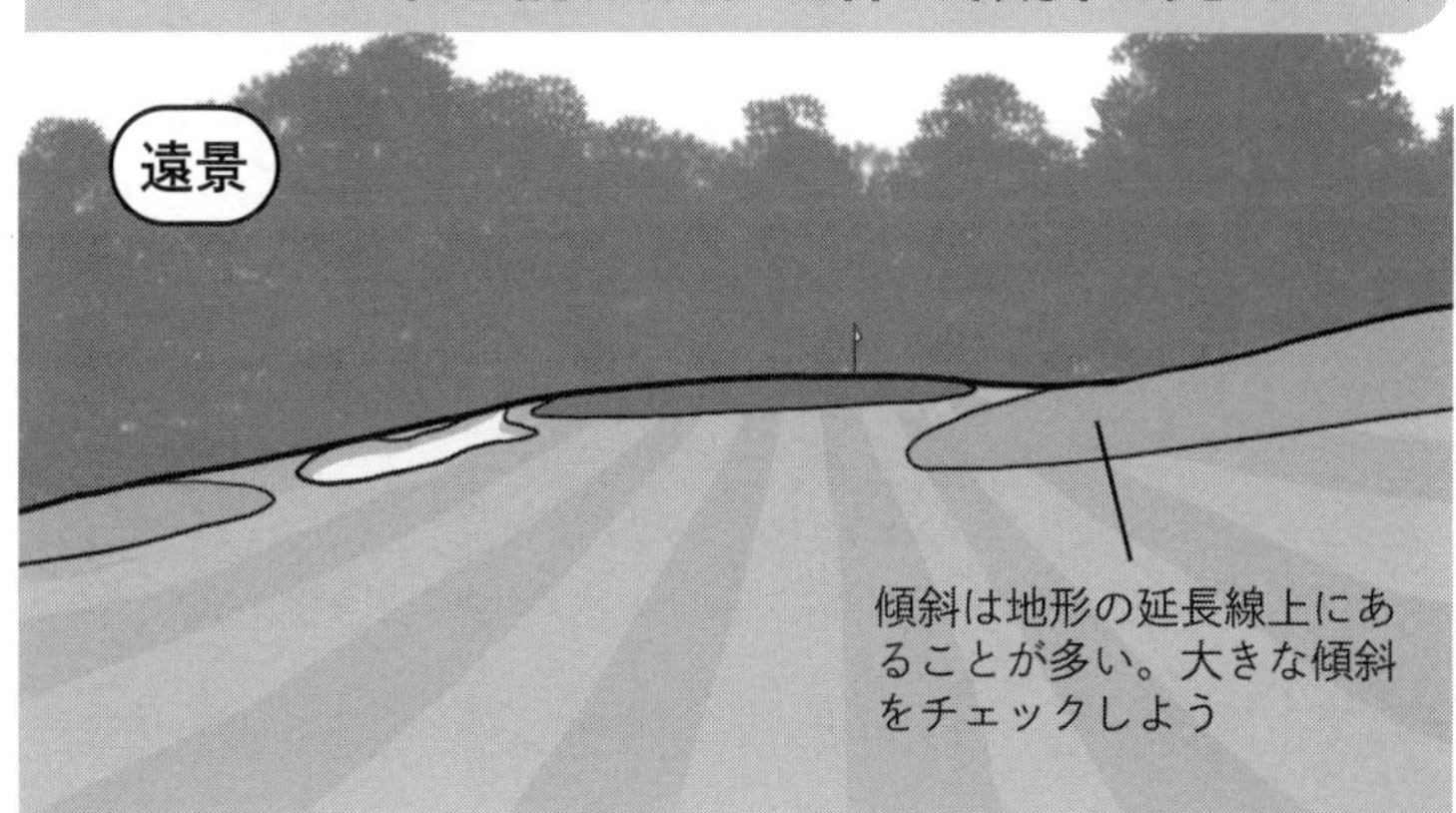

近景

グリーンに乗る前にグリーンの傾斜を必ずチェックすること

グリーンに乗ってしまうと、平衡感覚の調整機能が働いて傾斜がわからなくなる。遠いほど地形の影響を把握しやすいので、必ず乗る前に遠景からグリーンを見て全体の傾斜を読んでおく。イラストの場合、上だと右から左へ下っていることがわかるが、下の位置からだとわかりづらい

パットのポイント

14

傾斜を読む

平らなところからグリーンを見よう

前項では我々の錯覚について触れましたが、これは結構な確率で傾斜の読み違いを誘発します。

たとえば、グリーンに向かってフェアウェイが右や左に傾斜しているホールがあります。

そんなフェアウェイを歩くとき、私たちは無意識のうちに高い側の足に体重をかけてバランスをとっています。そのままグリーンに乗って平らに感じたら、グリーンにはフェアウェイとは反対の傾斜がついている可能性があります。

また、斜めのフェアウェイに立ち止まってグリーンを見て平らに見えたら、フェアウェイと同じ傾斜がついているかもしれません。

さらに、グリーンまでずっと上りが続いていたら、平らなグリーンに乗ったときに下りに感じることもあります。

こういった錯覚に弄ばれないようにするには、なるべく平らなところを見つけ、そこに立ってグリーンの傾斜を見ることです。

錯覚するのは、そもそも自分が真っすぐ立てていないからです。よほどトリッキーなホールでもない限り、グリーンに近づくに従って傾斜は緩やかになっていきます。

プレーを遅らせることがなければ花道の左右にズレてもいいので、極力自分が真っすぐ立てるところから傾斜を見ることが肝要です。

パットのポイント 15 傾斜を読む

排水溝の位置で傾斜を推測できる

ちょっとマニアックな話になりますが、**グリーンの傾斜はコースの設備からも予測できます。**

グリーン周りには必ず排水溝とスプリンクラーがあります。排水溝は水を一箇所に集めて流す設備で、グリーン周りの最も低いところに設置されています。

大きな傾斜は排水溝の方向に下っていると効率よく水を流せるので、**排水溝に向かって下りのケースが多い**と考えられます。排水溝の反対側にスプリンクラーが設置されていたら、まず排水溝に向かって下りと考えていいでしょう。

ラウンド中に気にするのは大変かもしれませんが、河川敷などフラットな地形に展開するコースでは参考になるでしょう。

池やバンカーなどのハザードも拠り所になります。基本的に池はグリーンより低い位置にありますから**池に向かって下り傾斜が入りやすい。**水も池に向かって流れますから芝目も池の方向を向いていると考えられます。

バンカーとグリーンの傾斜の関係については一概にいえませんが、受けているグリーンが多い日本のコースの性格上、**グリーン手前にガードバンカーがあれば、その方向に下っていることが多い**ので、乗ってしまってわからなくなったら参考にするといいでしょう。

パットのポイント

16

ラインを読む

グリーンを分割して考えるとラインがわかる

グリーンの大まかな傾斜がわかったら、イメージの中でグリーン面にヨコ線を引き、手前側と奥側に2分割してみましょう。

たとえば、グリーンが手前から奥に受けていてカップがセンターにある場合、ボールがカップより奥にあれば下り、手前にあれば上りのパッティングラインになります。

次にグリーン面にタテの線を引いてグリーンを左右に2分割します。同様のグリーンなら、カップを境に右半分のエリアから打つとフック、左半分からだとスライスします。

さらにタテ、ヨコ2つの線を同時にイメージするとグリーンは4分割されます。

同じ例でいえば、真ん中のカップに向かって右奥からは下りのフック、左奥からは下りのスライス、右手前からは上りのフック、左手前からは上りのスライスのパッティングラインになります。

大きな傾斜がわかれば、カップの位置にかかわらず、最終的にカップを中心にグリーンを4分割すれば大まかなラインがわかります。これを基準にして、さらに細かい傾斜を読むことで大きな読み間違いを防ぐことができます。

2分割で上りか下りとスライス、フック 4分割でパッティングラインをジャッジ

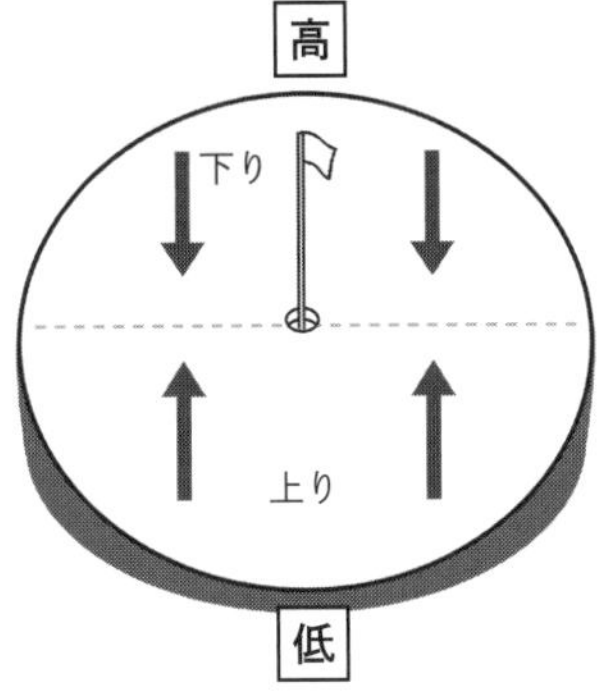

1 グリーンをタテに2分割

まず大きな傾斜を把握。次にグリーン面にヨコ線を引き、手前側と奥側に2分割。手前が低くて奥が高ければ手前半分からは上り、奥半分からは下りになる

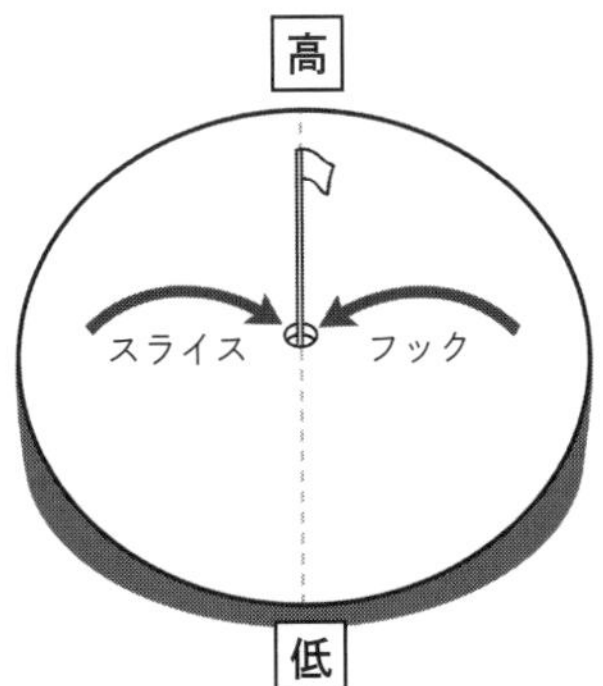

2 グリーンをヨコに2分割

次にグリーン面をタテに割る線を加えてグリーンを左右に2分割。イラストのグリーンなら右半分からはフック、左半分からはスライスする

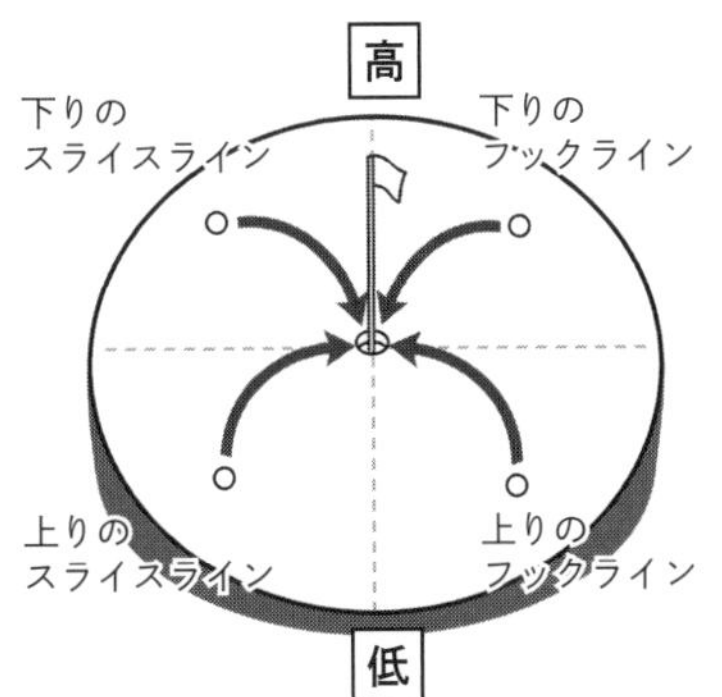

3 グリーンを4分割

さらにタテ、ヨコ2つの線を合わせてグリーンを4分割。イラストのグリーンなら真ん中のカップに向かって右奥からは下りのフック、左奥からは下りのスライス、右手前からは上りのフック、左手前からは上りのスライスラインになる

パットのポイント

17 傾斜を読む

20ヤード手前で大きな傾斜を再確認

グリーンに乗る直前には大きな傾斜を把握しておくのが大前提。

とはいえ、トラブルに遭遇して見られないこともあれば、自分の判断が正しいか不安になることもあります。

そこで、グリーンの手前20ヤード付近に来たら、一番高いところと一番低いところを確認するクセをつけましょう。ここまできて、どこが高いか低いか判断がつかなければ平らと判断していいでしょう。

ここでも目線を下げて低い位置から見る、あるいは低いと判断したところに移動し、しゃがんで目線を下げて見ると高低差がわかりやすくなります。

プロがよくやっている、片手で持ったパターを顔の前で垂直に垂らし、利き目でパター越しにグリーンを見る〝プラムボブ〟を試すのもいいでしょう。左右の傾きがわかります。

ただし、プラムボブはパターを垂直に垂らさないとダメ。フェースバランスのパター（188ページ参照）はフェースかバックフェースが自分を向くように、それ以外のパターは、トゥかヒールが自分を向くようにして垂らさないと意味がありません。

手前20ヤード付近から一番高いところと一番低いところを確認

なるべく目線を低くとって傾斜を見て、どこが高いか低いかわからなければほぼ平ら

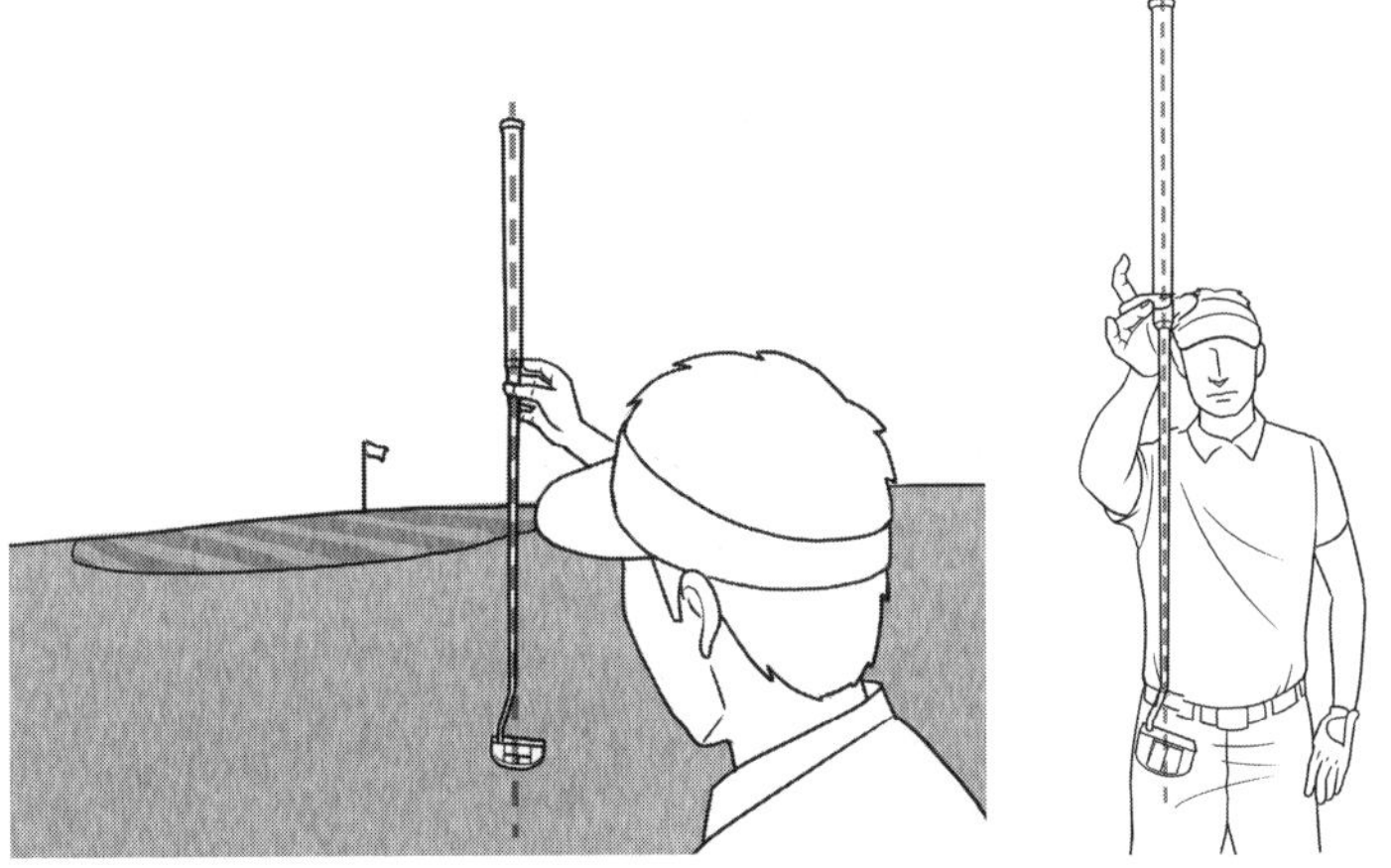

パターを顔の前で垂直に垂らし、利き目でシャフト越しにグリーンを見るプラムボブ。シャフトを境に左右の傾きを見たり、ピンと重ねたときにピンがどちらに傾いているかでグリーンの傾斜を判断できる。フェースバランスのパターはフェースかバックフェースが自分を向くように、それ以外のパターは、トゥかヒールが自分を向くようにして垂らす

パットのポイント

18

傾斜を読む

細かい傾斜は低い位置から読む

大きな傾斜はグリーンに向かいながら見るとわかりますが、大きな傾斜の中に紛れ込んだ小さな傾斜は、ある程度近づかないとわかりません。

正直、近づいても読み切れるかは疑問ですが、**読みやすくする方法はあります。それは低い位置からグリーンを見ることです。**

傾斜があるからには、必ず高いところと低いところがあります。グリーンに近づきながら大きな傾斜を見ていれば、どこが低いかは把握できているはずなので、そのサイドに回って傾斜を見るのです。

わかりやすいのは砲台グリーンだけが隆起したようになっている砲台グリーン。あまりないかもしれませんが、３６０度の方向からグリーンに上っていく形状なら、その途中はどこも低くなっているので、乗る直前に見れば低いところから見られます。

低いところに移動したら、目線を低くとることもポイントです。できればグリーン面と同じ高さから眺めたいですが、そんなに都合よくはいかないので、しゃがんで目の位置を下げましょう。ここではパッティングラインに関わる部分の傾斜だけ見ればＯＫです。

グリーンに紛れ込んでいる小さな傾斜は ある程度近づかないとわからない

読みづらい小さな傾斜を読むには、なるべく低い位置からグリーンを見ること。遠景で見たときに低いと判断したところに移動し、しゃがむなど目線を下げて傾斜を見る。砲台グリーンならグリーン面と同じ高さから眺めたい

パットのポイント

19 ラインを読む

効率よく傾斜を読む方法

ラインを読むには多くの情報が必要ですが、グリーンは同伴競技者が会するところ。人の動きも気にしつつ情報収集せねばなりません。

そんな状況でいきなりボールを拾いに行くと効率よくラインを読めません。**どこにボールがあっても、まずボールに向かうサイドからラインを見ましょう。**

たとえば手前側からカップの奥に止まったボールに向かうなら、ボールは置いたままにして、カップ側からタテのラインを見ます。

次にボールに向かいつつカップの左右どちらかに回り込み、ヨコから傾斜と距離を見ます。タテ位置から見るだけでは距離感が出ないので、必ずヨコから見ましょう。

最後にボールの後方に立ち、ボール側からカップを見てラインを読みます。

こうするとボールをマークしに行く過程で3方向からラインを読めます。時間があれば見られなかった反対方向からヨコのラインを見れば基本とされる4方向から見られる。ボールがカップに近いときなどは先にマークしなければなりませんが、それはそれで読む時間が確保できるので、**極力4方向から見て総合的に判断を下しましょう。**

マークしに行く過程で最低でも３方向から読む

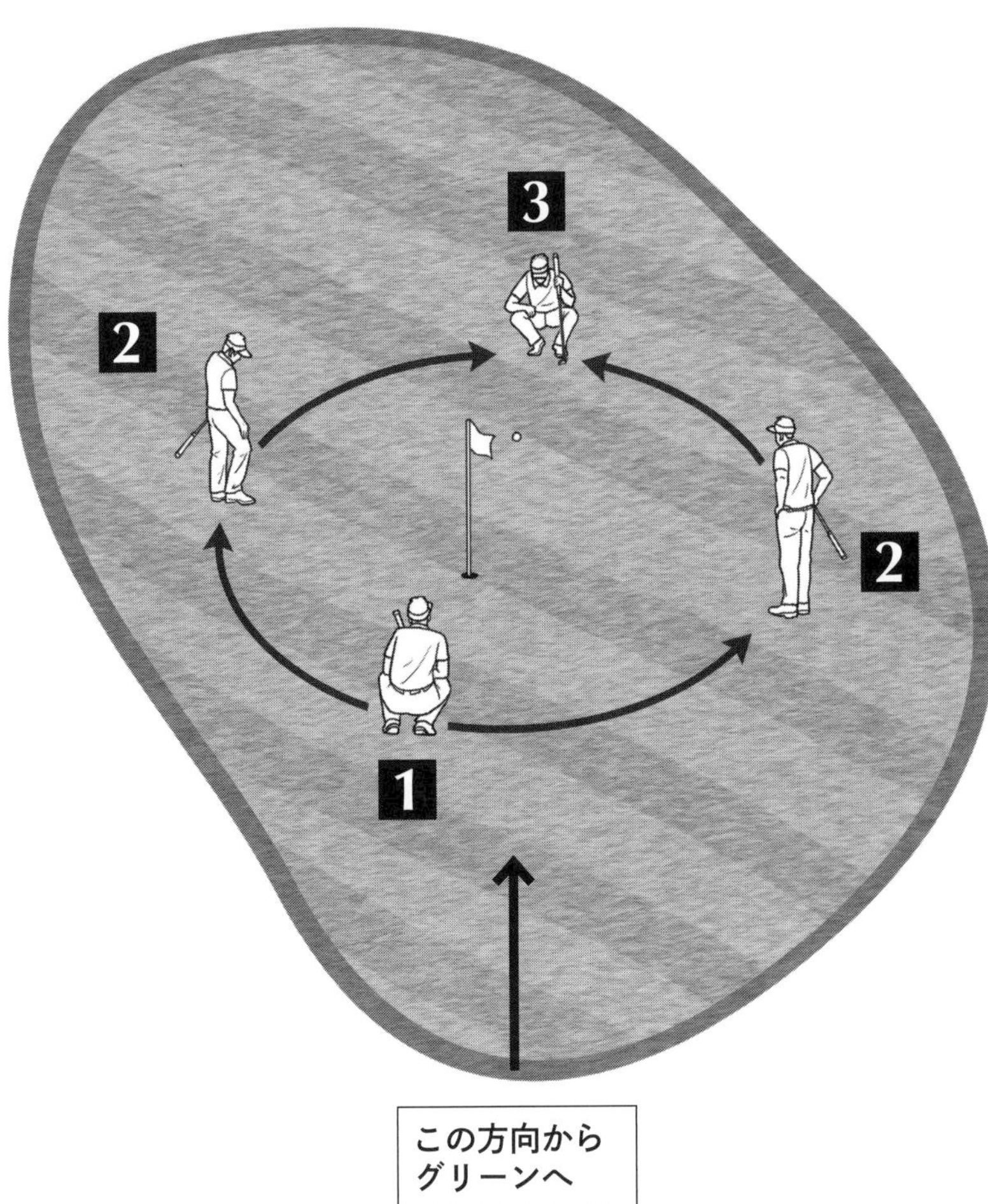

まずボールに向かうサイドからラインを見る（この場合は１）。次にカップの左右どちらかに回り込んでヨコから傾斜と距離を見る（２の位置）。最後にボールの後方に立ってボール側からカップを見て読む（３の位置）

パットのポイント

20

上り下りを読む

タテ、ヨコの高低差を確認する

ボールのところにきたら大きな傾斜を頭に留めたまま、ボールがカップより高い位置にあるか低い位置にあるかを確認します。

目視でわかればそれでOKですが、判断がつかなければカップとボールの間を行き来します。こうすると行きと帰りで歩数が微妙に変わることがあります。**上っていると歩幅が狭め、下っていると広めになるからです。**

歩幅がカップに向かって多めになれば上り、ボールに向かって多ければ下りになります。変化は微妙な場合が多いので足裏の感覚を鋭敏にし、地面から伝わる感じを意識しながら歩きましょう。歩数が変わらなくても、足の裏から傾斜を感じとれることがあります。

次にカップとボールを結ぶラインをイメージし、それを境に左右の高低差を見ます。イメージしたラインの左右どちらに打ったらカップに向かう、もしくはカップから離れるかを予測するわけです。どちらかわからなければ真っすぐかそれに近いラインです。

余裕があればヨコからもラインを見ましょう。距離もですが傾斜もチェック。たとえばカップが左にあるときに、手前側が低ければフックライン、高ければスライスラインです。

ボールの位置がカップより高いか低いかを確認する

ボールとカップ、どちらの位置が高いか見てわからなければカップとボールの間を往復し、行きと帰りで歩数に変化がないかをチェック。歩数が多めになるほうに向かって上り、少なめになるほうに向かって下りになる。足裏の感覚からも傾斜を感じとれる。ラインに対して直角に歩くとスライス、フックも判断できる

パットのポイント

21 ラインを読む

ラインはボールスピードで変わる

スライスラインでは打ったボールが右に曲がり、フックラインでは左に曲がります。これは絶対的な事実ですが、どれだけ曲がるかはグリーンのコンディションとプレーヤーのタッチによって変わります。100人いれば100通りの曲がり方をするのです。

コンディションとタッチによって変わるということは、**打ったボールのスピードによってラインが変わるということ。**速ければ曲がり方は小さく、遅ければ大きくなります。

ですから、自分のタッチがわかっていないとラインをイメージできません。キャディさんにラインを聞くと教えてもらえますが、そのイメージはジャストタッチ。カップの縁から重力で「コロン」とボールが落下するように打った場合のもので、あなたのタッチには合わせていないので、自分のタッチと擦り合わせないとイメージできません。

まず知っておくべきは自分のタイプ。カップをオーバーしても平気なのか、ショートしても平気なのか、どちらなのかを自覚しましょう。前者は浅いライン設定で強めに打つタイプ。後者は厚めにラインをイメージして打つタイプです。

100人いれば100通りの曲がり方をする

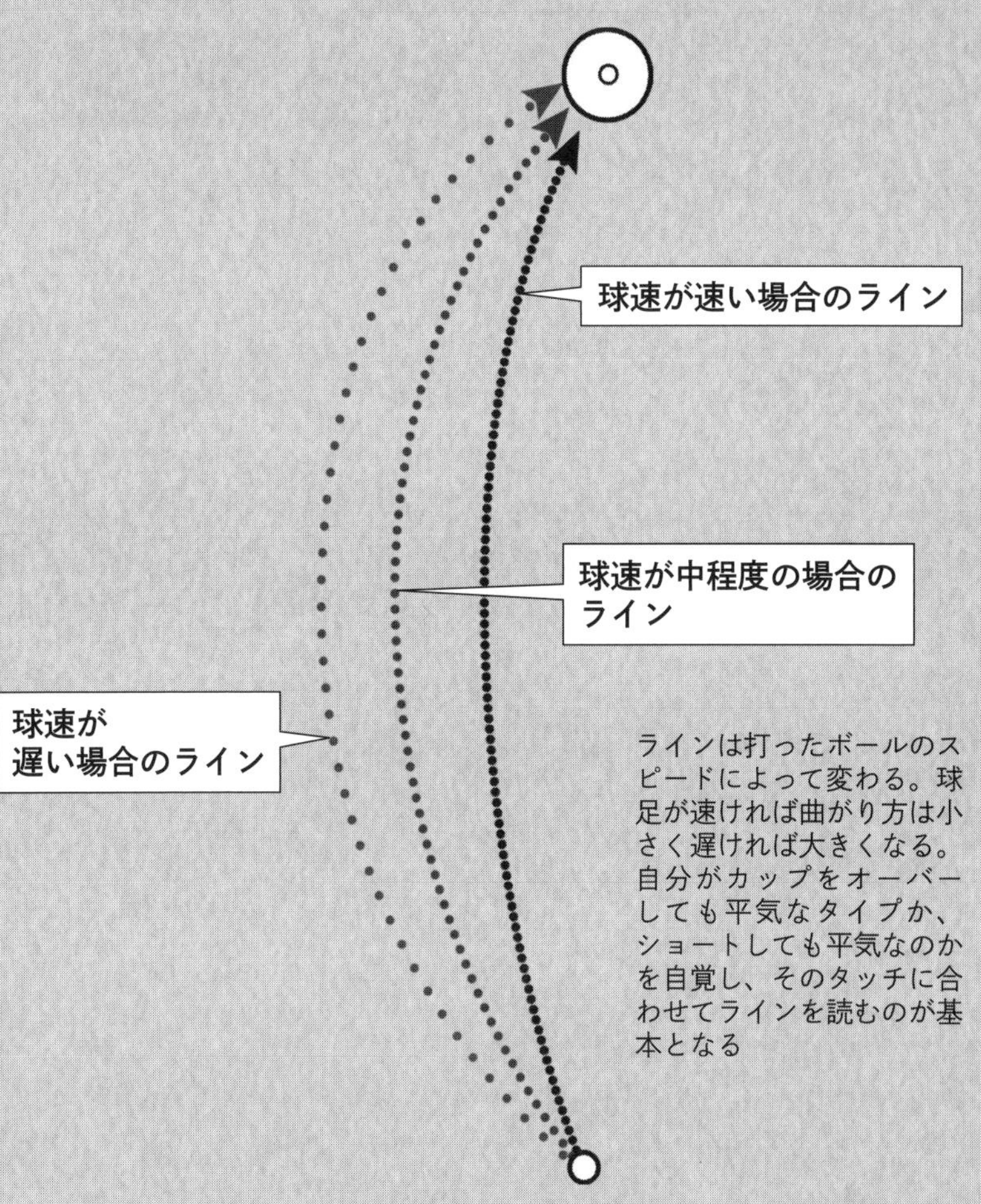

ラインは打ったボールのスピードによって変わる。球足が速ければ曲がり方は小さく遅ければ大きくなる。自分がカップをオーバーしても平気なタイプか、ショートしても平気なのかを自覚し、そのタッチに合わせてラインを読むのが基本となる

パットのポイント

22

ラインを読む

カップに近くなってからの切れ方を見る

ラインはボールスピードによって変わりますが、ボールが加速し続けることはなく、確実に減速します。

スピードが乗っているうちはグリーン面の干渉を受けづらくても、減速するほどに干渉されはじめる。つまり、カップに近づくに従って曲がりやすくなったり、芝目の影響を受けやすくなるわけです。

ラインを読む際には、それを考慮しなければなりません。というよりこれが重要。**最後の最後でボールがどう転がるかがライン読みのポイントといえます。**

目安になるのは、カップに近い側3分の1の距離からどう曲がるかを読むこと。9メートルのパットならラインを3分割し、最後の3メートルを入念に読むということです。

たとえばスライスラインならラスト3メートルで右に大きく曲がる可能性が高いので、その切れ方に合わせる。すなわちラスト3メートルをイメージしてタッチを出すわけです。

いいかえれば、打ち出しから3分の2（ここでの例でいえば6メートル）は、しっかり読まなくてもいい。ボールがカップに向かうポイントに向けて打ち出せばいいのです。

打ったボールはカップに近づくほどグリーンの影響を受ける

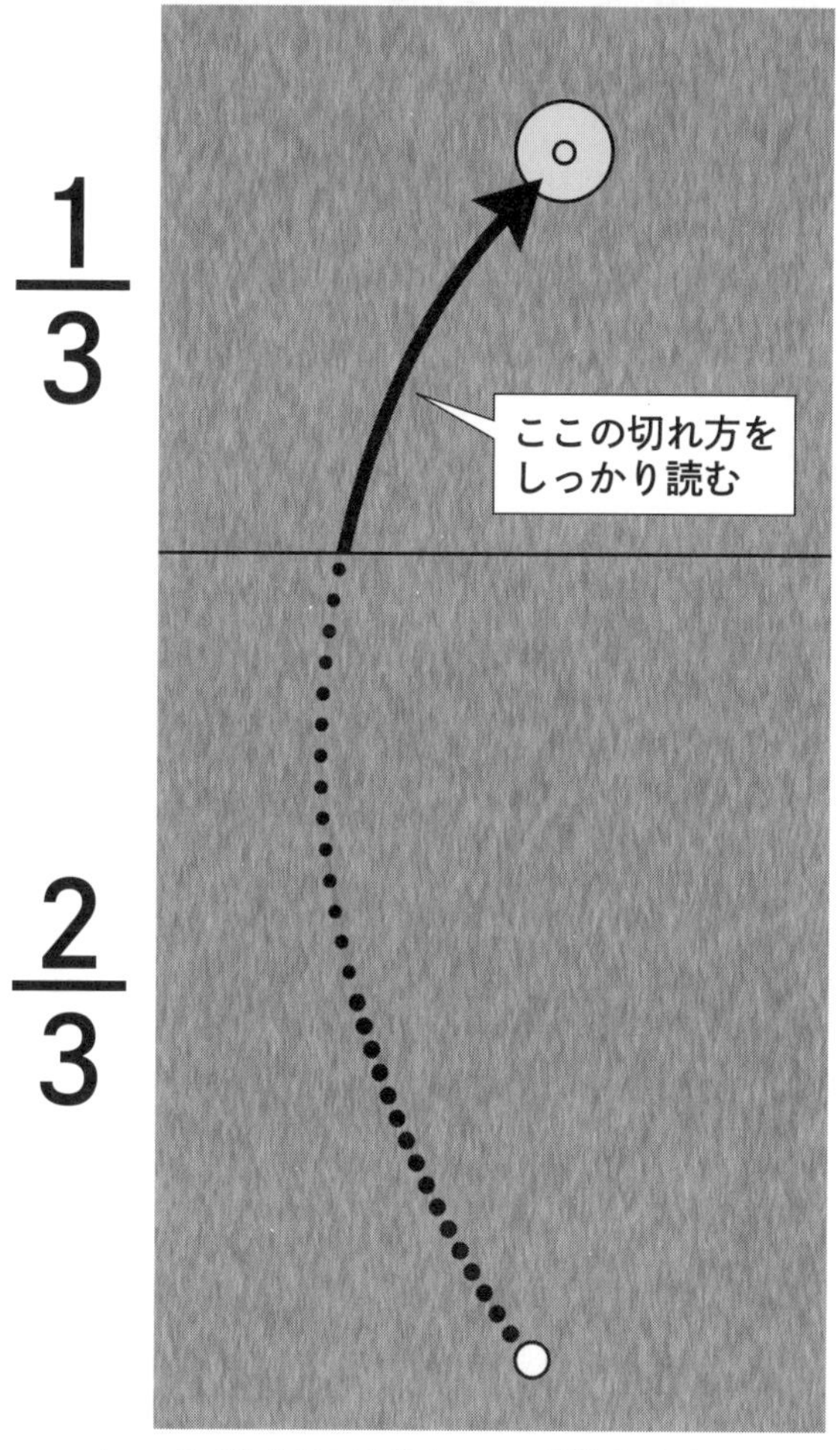

カップに近づくほどグリーンの影響を受けるので最後でボールがどう転がるかを予測。目安はカップに近い側3分の1の距離からどう曲がるかを読むこと。9メートルのパットならラインを3分割。カップに近い側3メートルのラインを入念に読む

パットのポイント

23

ラインを読む

カップの中心を通過するラインをイメージ

カップの直径は4・25インチ（10・8センチ）。一升瓶がすっぽり収まる大きさですが、これは「全英オープン」の開催コースがあるセントアンドリュース市の水道管のサイズだそうで、カップの縁が崩れるのを防ぐために水道管を切ってスポッとはめ込んだのが由来だそうです。

それはさておき、カップには中心があり、そこにピンが刺さりますが、**ラインを読む際にはボールがこのカップの中心点を通過するイメージで読まなければいけません。**

それにはカップ側からラインを見るときに、カップを真上から見て、その中心から打つ位置に向かってラインをイメージしましょう。

要領が悪いせいもあり、アマチュアは遠くからしかカップを見ません。しかも、カップを斜めの角度でしか見ないため楕円形に見えてしまいます。

これだと小さなカップはより小さく見え、ボールの入り口が狭くなります。**円形と楕円形、どちらのイメージが頭の中にある方が入りやすいかは明白。**正確なカップの大きさと形をインプットしておくだけで結果がよくなる可能性があるのです。

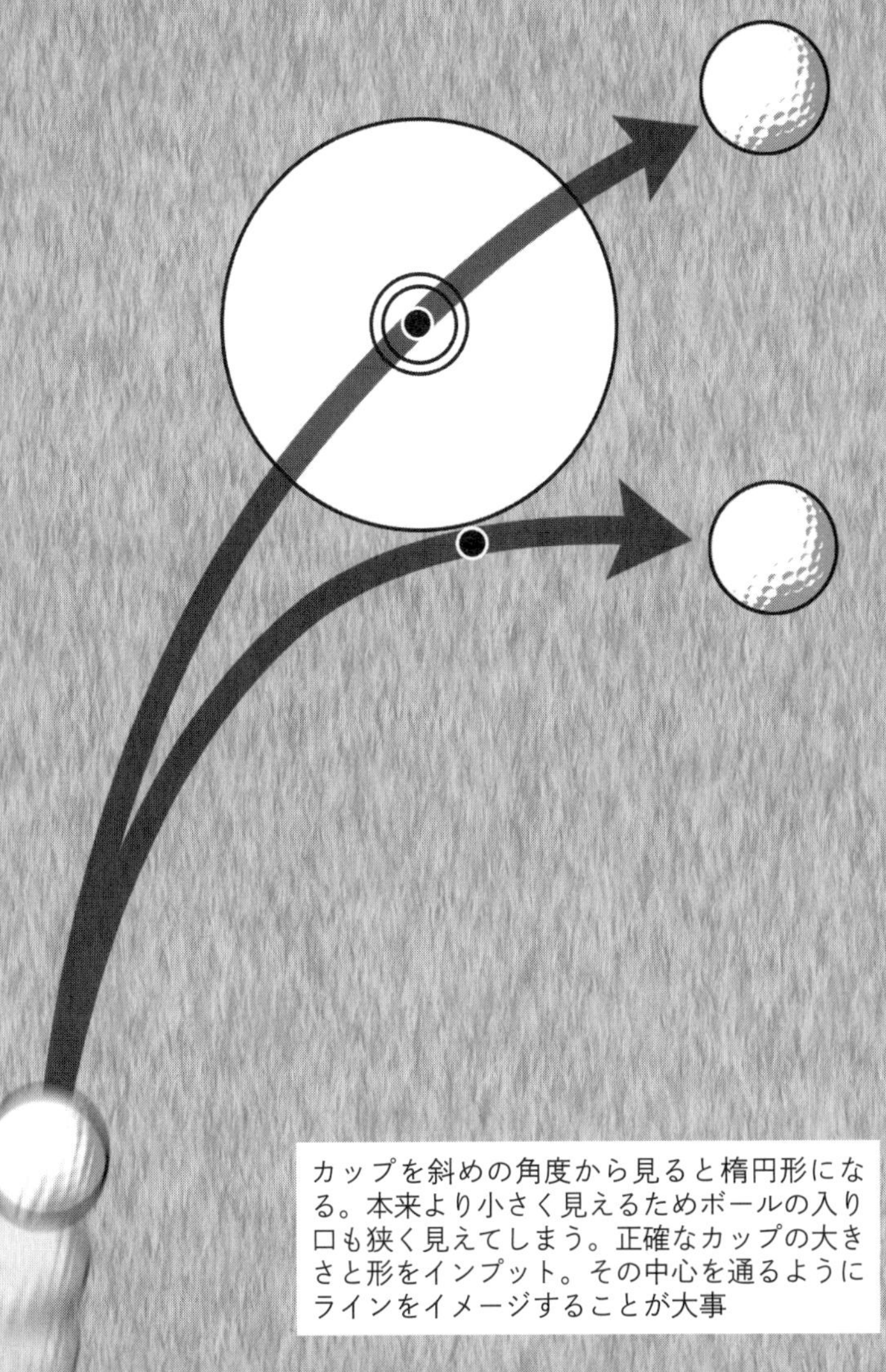

カップを斜めの角度から見ると楕円形になる。本来より小さく見えるためボールの入り口も狭く見えてしまう。正確なカップの大きさと形をインプット。その中心を通るようにラインをイメージすることが大事

パットのポイント

24

ラインを読む

カップ周りは凸凹している

プレーヤーはグリーンを歩き回りますが、とりわけ足を踏み入れるのがカップの周り。最終的には全員がそこに来ますから、ほかのどのエリアより荒れます。

カップの間際はそれほどではないとしても、カップインしたボールやコンシードされたボールを拾い上げることを考えると、**カップの周囲1メートルくらいはかなり凹んでいると考えられます。**

すると、それによってできた凹みやスパイクマークによってボールがヨレたり、勢いを削がれます。そうでなくてもカップの周囲はボールの勢いが衰えますから、必ずといっていいほど影響が出ます。

周囲が凹んでいるとカップの間際は盛り上がった状態になるので、ボールが止まりやすい。時間帯が遅いほどこうなりやすいので、プロのトーナメントでは早い時間帯のほうが有利といわれます。

とはいえ対策といっても強めに打つくらいしかない。ちゃんと打てたのに結果が得られなかった場合は、この現象のせいかもしれません。そんなときは気にせず、すべてグリーンのせいにしちゃいましょう。

カップの周りはほかのどのエリアよりも荒れている

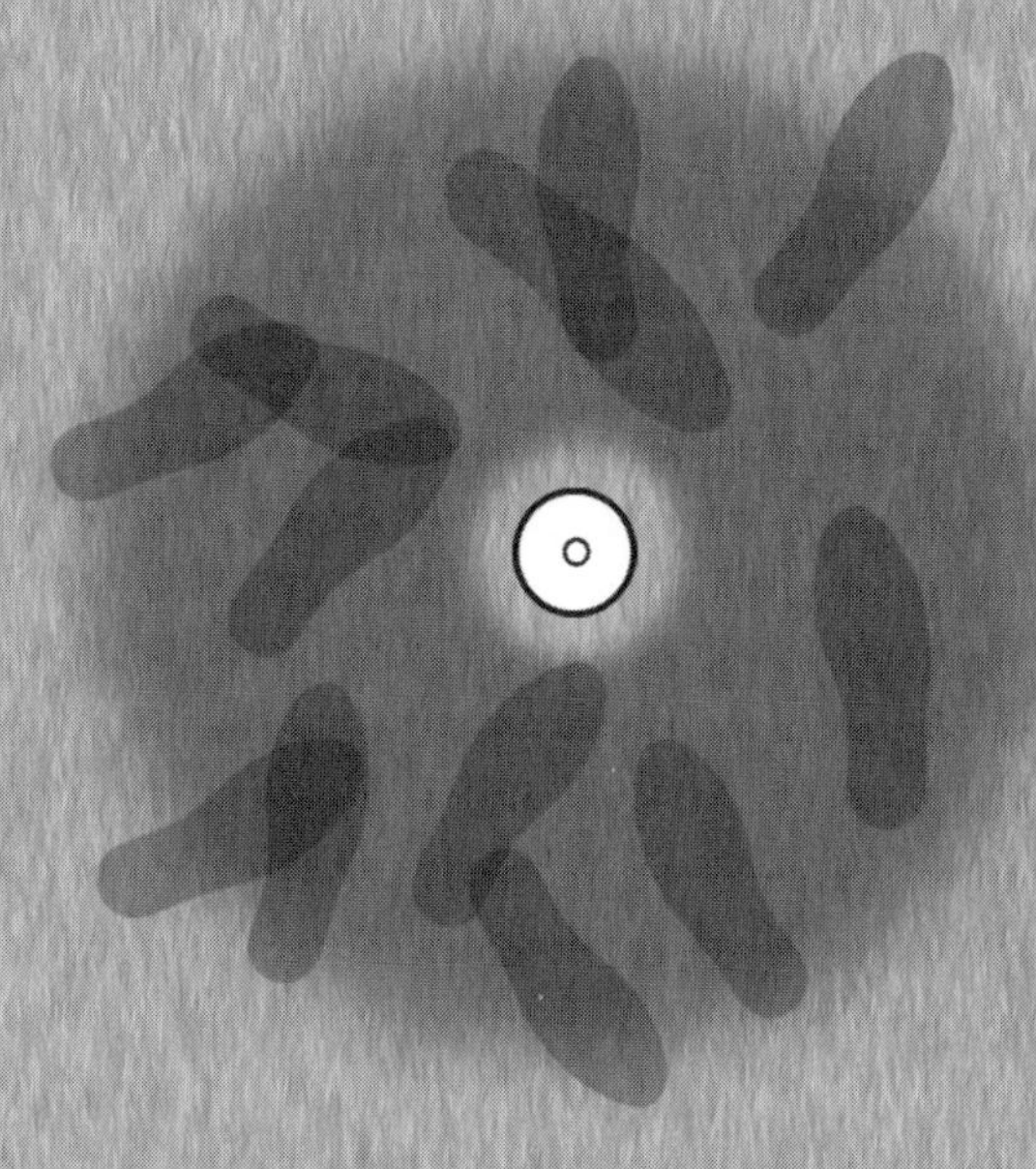

カップの周囲1メートルくらいのエリアはかなり凹んでいたりスパイクマークがあるため、ボールがヨレたり勢いを削がれる。ボールが止まりやすいが強く打つのも怖い。読み切れないのではずんで外れたときには自分のせいにしない

パットのポイント

25

ラインを読む

水の流れをイメージする

項目17で紹介したプラムボムは、ラインを読む際にも有効です。

少し離れてボールの後方に立ち、パターを摘んで垂直にぶら下げますが、このときボールとシャフトを重ねて見ます。

こうして利き目で見たときに、カップがシャフトの右側にくれば右が低く、左側にくれば左が低い。前者はスライスライン、後者はフックラインになります。ボールもカップもともにシャフトに重なって見えれば真っすぐのラインです。

また、ラインを読むには周囲の景色など余計な情報を遮断するために**両手でひさしを作り、ラインだけを集中して見るのも得策。**

その際も両目ではなく利き目で見る。利き目はまず両手の親指と人さし指で三角形を作り、その真ん中に対象物がくるようにして両目で対象物を見ます。次にそのまま左右どちらかの片方の目で見る。ズレが少なく対象物が真ん中に近くに見えるほうが利き目です。

ボールの転がりをイメージすることも大切ですが、**ボールからカップに向かって水を流したら、どのように流れていくかをイメージするといいでしょう。**

水の流れにボールを乗せるようにイメージする

イメージの中でボールからカップに向かって水を流す。下りなら早く流れ、上りなら流れないが、土台となる傾斜が下りならゆっくりでも流れる。蛇行をイメージすることでスライスライン、フックラインもイメージできる

パットのポイント

26

芝目

ベントとコーライ、芝目の見方

日本のゴルフ場には日本芝と西洋芝のグリーンがあります。日本芝はコーライ芝を改良した姫コーライ、西洋芝はベントという品種がほとんどで、西洋芝はまれにバミューダのグリーンがあります。

姫コーライは地中で茎がヨコに伸び、茎、葉とも硬く強い。従来のコーライより葉が細かく密集しています。

そのため芝目が強い。順目はさほど気になりませんが、逆目や芝目に対してヨコから打つパットは影響を受けやすい。球足が削がれたり、横滑りする感じになります。

一方、葉が細くて柔らかいベントは芝目が強くなくボールがよく転がります。短く刈り込むほど速くなるので高速グリーンは基本ベント。寒冷地型で高温多湿に弱かったのですが、品種改良が進み多く使われるようになりました。

コーライグリーンでもベントグリーンでも、芝目は太陽のほうや水が流れるのと同じ方向を向きます。太陽の向きについてはケース・バイ・ケース。**太陽光に当たると順目は白っぽく、逆目は深緑に見えます。**水の流れは傾斜に準じます。

グリーンが白っぽく見えたら順目
深緑に見えたら逆目

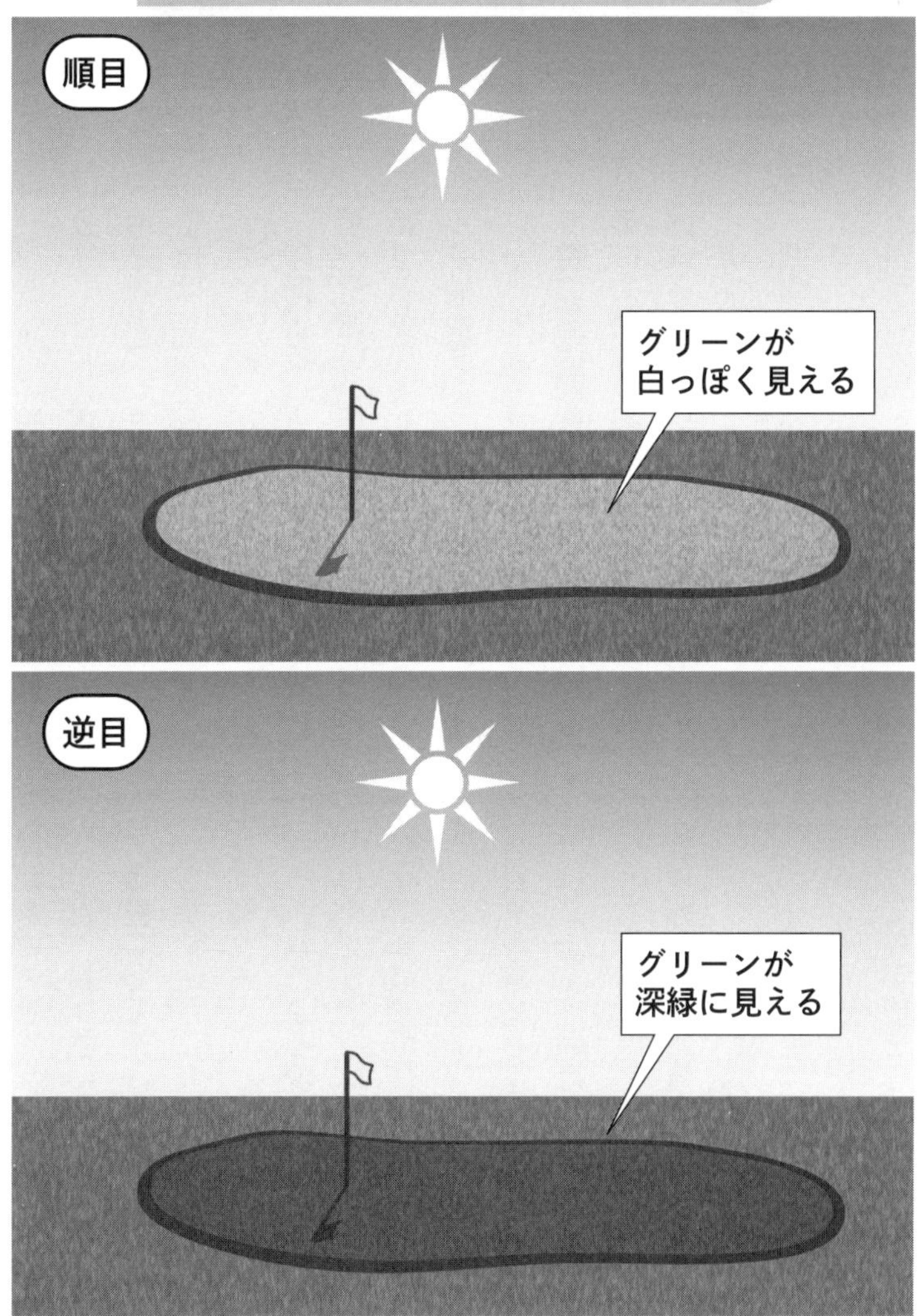

コーライ芝もベント芝も芝目は太陽がある方向を向く。太陽光に当たった場合、順目ではグリーンが白っぽく見え、逆目では深緑に見える

パットのポイント

27

ベントとコーライ

午後のベントは遅く、コーライは速い

グリーンの速さは時事刻々変わります。芝は限界に近いくらい短く刈り込まれていますから、ガンガン葉を伸ばして光合成しなければならないのです。

時間帯でいうと**刈り込まれた直後が一番速い。**朝に刈り込めば、陽が昇ってから昼くらいまでが1日のうちで最も速く、そこをピークに午後にかけて遅くなります。

特に夏は顕著で、芝が急激に伸びるのでかなり遅くなります。この傾向は冬も同じですが、気温が低いぶん伸び方は鈍くなります。

以上はベントグリーンの場合。コーライグリーンは芝が伸びるとボールが葉の先端に乗り、滑るように転がるため速くなることがあります。ただ、**目が強いので芝目に対してどう打つかで速さが変わる。**いうまでもなく逆目になるととんでもなく重くなります。

天候による変化もあります。雨の日のグリーンは当然転がりづらくなりますが、切れにくくもなります。雨量とグリーンコンディション、傾斜や距離にもよりますが、基本的には真っすぐ強めに打てばいいでしょう。

強い風も影響します。特に注意すべきはアゲンストの上りとフォローの下り。ボールの転がりをダイレクトに左右するだけでなく、ストロークにも影響を与えます。

第3章
狙い通りに打つためのセットアップ術

パットのポイント

28

セットアップ

パターのライ角に合わせて構える

自分のパットのアドレスを客観的に見たことがあるでしょうか？　もしなければ写真に撮ってチェックしましょう。

真っ先に確認すべきはパターと地面の関係。ソールが地面にピタッとついているかどうかです。アマチュアゴルファーの多くは、アドレスで多かれ少なかれヘッドのヒール側、もしくはトゥ側が浮いています。

プロは必ず、まずソールをピタッと地面につけてライ角通りにパターを置きます。そこからグリップするなり、素振りをするなり手順はさまざまですが、終始ライ角を変えることはありません。アマチュアの場合、まず自分ありきでアドレスしてからパターをボールにセットします。これだとアップライトな構えになりヒール側が浮きやすくなります。パターを吊るように持つとなおさらです。

ライ角通りに構えないとインパクトの打点が安定しません。トゥが浮けばヒール側、ヒールが浮けばトゥ側でヒットしやすくなる。意図的にやっている人もいますが、大多数は気づかずにそうなっています。

また、パターをライ角通りに置くことで毎回同じように構えやすくもなります。

パターのソールを地面にピタッとつけてアドレスする

パターの
ライ角

ソールをピタッと地面につけてライ角通りにパターを置いてからアドレスに入る。自分ありきで構えてからパターをセットすると、トゥ側やヒール側が浮いた構えになり打点が不安定に。ライ角通りに置くことで毎回同じように構えやすい

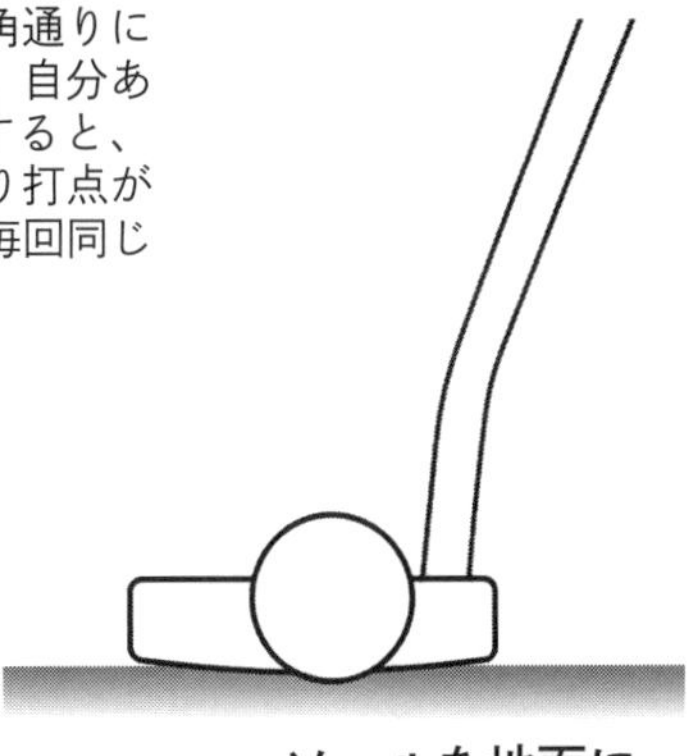

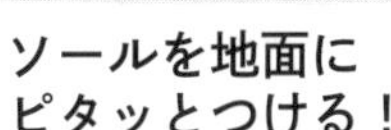

ソールを地面に
ピタッとつける！

パットのポイント

29

グリップ

パームグリップでギュッと握らない

パターの握り方とその特徴については後述しますが、どのグリップにも共通して満たすべき条件があります。**手のひらをメインに握るパームグリップを採用することです。**

ショットではフィンガーグリップがいいとされていますが、これは力が出やすいから。指をメインに握ることで、手首も使いやすくなるためヘッドスピードが上がります。

パットはボールを遠くに飛ばさないのでヘッドスピードはいりません。求められるのは狙った方向に決まった距離を打つ正確性。それには手首がいたずらに動かないパームグリップが向いているのです。

握るときには下から支えるようにします。上から押さえるように握るとライ角が狂いやすくなります。逆に吊るし持ってしまうとトゥ側が下がるので、持つのではなく支える感じが欲しいのです。

また、手首が使いづらくなることで大きな筋肉を使えます。やってみるとわかりますが、ギュッと握らなくてもストロークできる。これは背中の筋肉を使えている証拠。いわゆるショルダーストロークができるようになって安定感がグンとアップします。

手のひらをメインに握るパームグリップがおすすめ

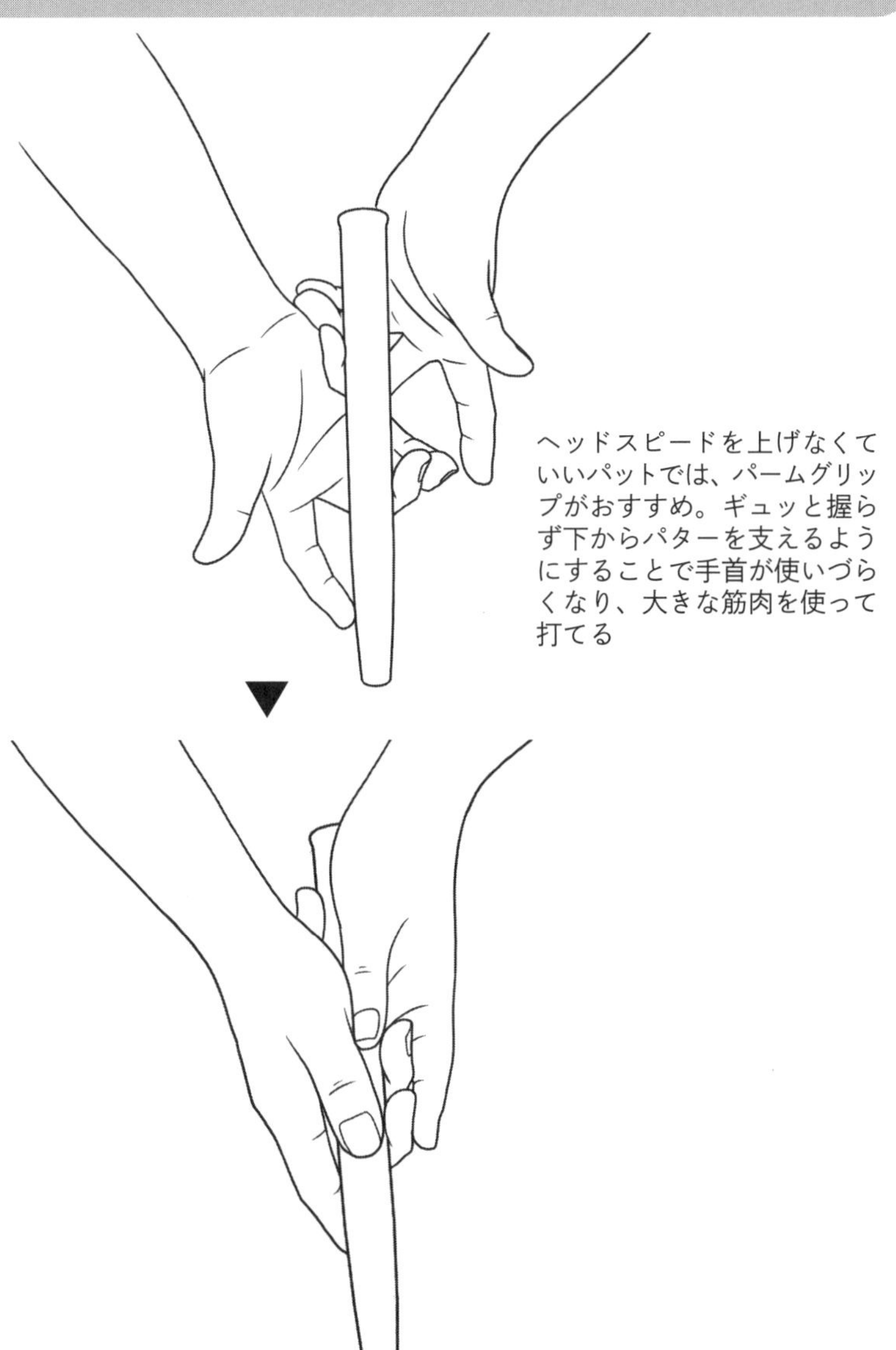

ヘッドスピードを上げなくていいパットでは、パームグリップがおすすめ。ギュッと握らず下からパターを支えるようにすることで手首が使いづらくなり、大きな筋肉を使って打てる

パットのポイント

30

持ち方

両手のひらでパターを挟むように持つ

パターを下から支えるように持つメリットを前項で紹介しましたが、これ一択というわけではありません。

よくいわれるのは、**手のひらでパターを挟むように持つこと。**両手のひらを合わせてパームグリップで持つことでも上から握る形にならず、手首が使いづらくなります。

この場合、両ヒジを張るようにして肩から手首で五角形を作るスタイル（下から支える場合でもこうすることは可能）と、両ワキをしめて三角形を作るスタイルに大別されます。

どちらも間違いではありませんが、後者のほうが大きな筋肉を使ってストロークできます。構えるとき、事前に上腕部と体の側面を密着させておくとさらに使いやすくなります。

パターに対してどのように手を合わせるにしても、ギュッと握りしめないこと、そしてグリッププレッシャーを変えず、アドレス時の強さのままストロークすることが基本とされています。

とはいえ、強めに握って手首を使って打つスタイルがご法度ではありません。イメージ通りに打てるならそれもあり。試行錯誤して最もタッチが合いやすい方法を選びましょう。

両ワキをしめると大きな筋肉でストロークできる

構えるときに上腕部と体の側面を密着させておき、両手のひらでパターを挟むようにしてパームで握ると背中やお腹の大きな筋肉を使って打てる。グリッププレッシャーは終始アドレス時の強さをキープする

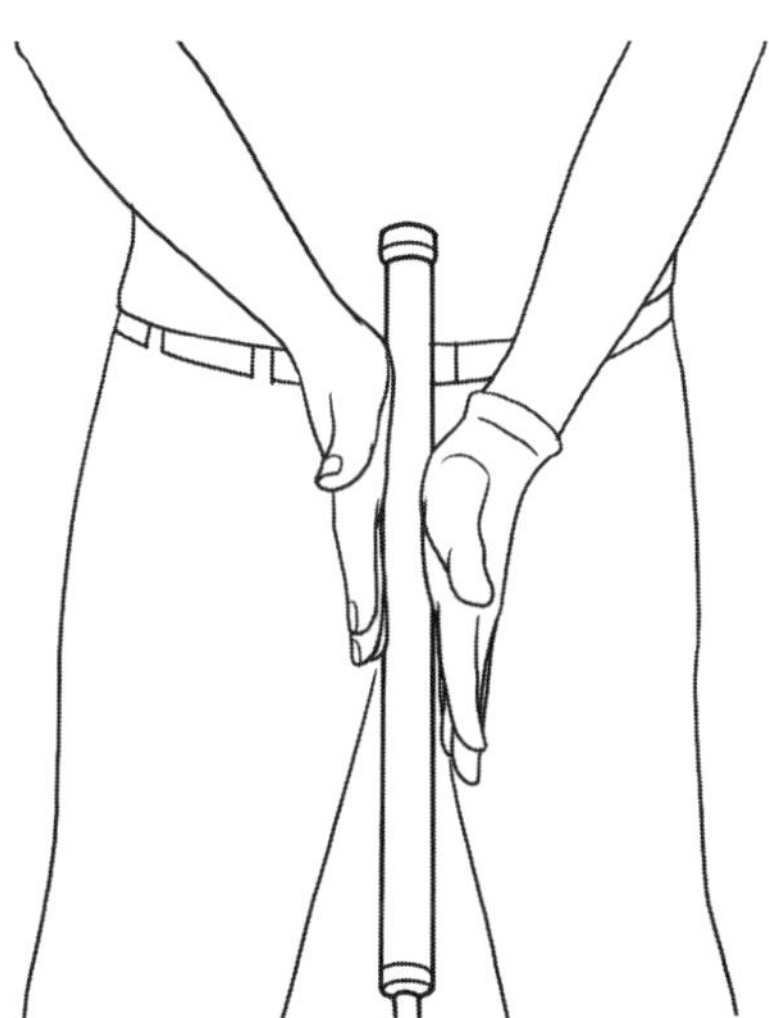

パットのポイント

31

グリップ

方向性がいいクロスハンドグリップ

順手と並んでスタンダードになっているのがクロスハンド。両手の上下を入れ替え、右手を上、左手を下にするスタイルです。

右手の使用を抑えられるので出球の方向が安定します。そのためショートパットが得意。速いグリーンでも威力を発揮するのでプロはクロスハンドが増えています。

反面、利き手が使いづらいのでロングパットで距離が合わせづらい。距離感を出すには練習が必要です。プロの中にはショートパットはクロスハンド、ロングパットは順手と使い分けているプレーヤーもいます。

パターの握り方に制約はありませんが、プロが取り入れている握り方をいくつか紹介しておきましょう。

オーソドックスなのはショット同様、左手が上、右手が下になる順手スタイル。左手の人さし指を伸ばして右手の指にかける逆オーバーラッピングが多数派です。両手の間隔もさまざまで、間隔を詰めると手首が使いやすく、空けると手首をロックできます。

ショットに近い感覚で打ちたい人に向くグリップで、プロの場合、イン・トゥ・イン軌道のストロークになることが多いようです。

逆オーバーラッピングとクロスハンドが主流

逆オーバーラッピンググリップ

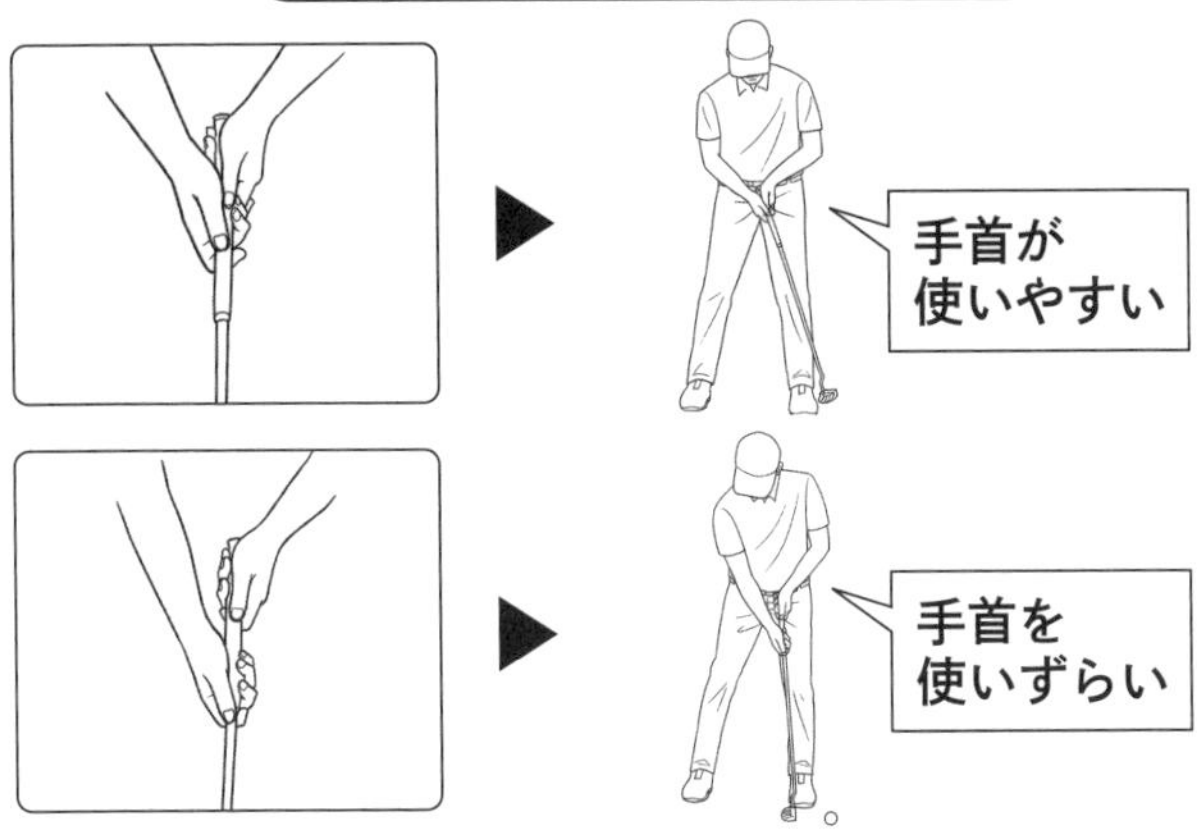

順手で持ち、左手の人さし指を伸ばして右手の指にかけるのが逆オーバーラッピング。両手の間隔を詰めると手首が使いやすく空けるとロックできる

クロスハンドグリップ

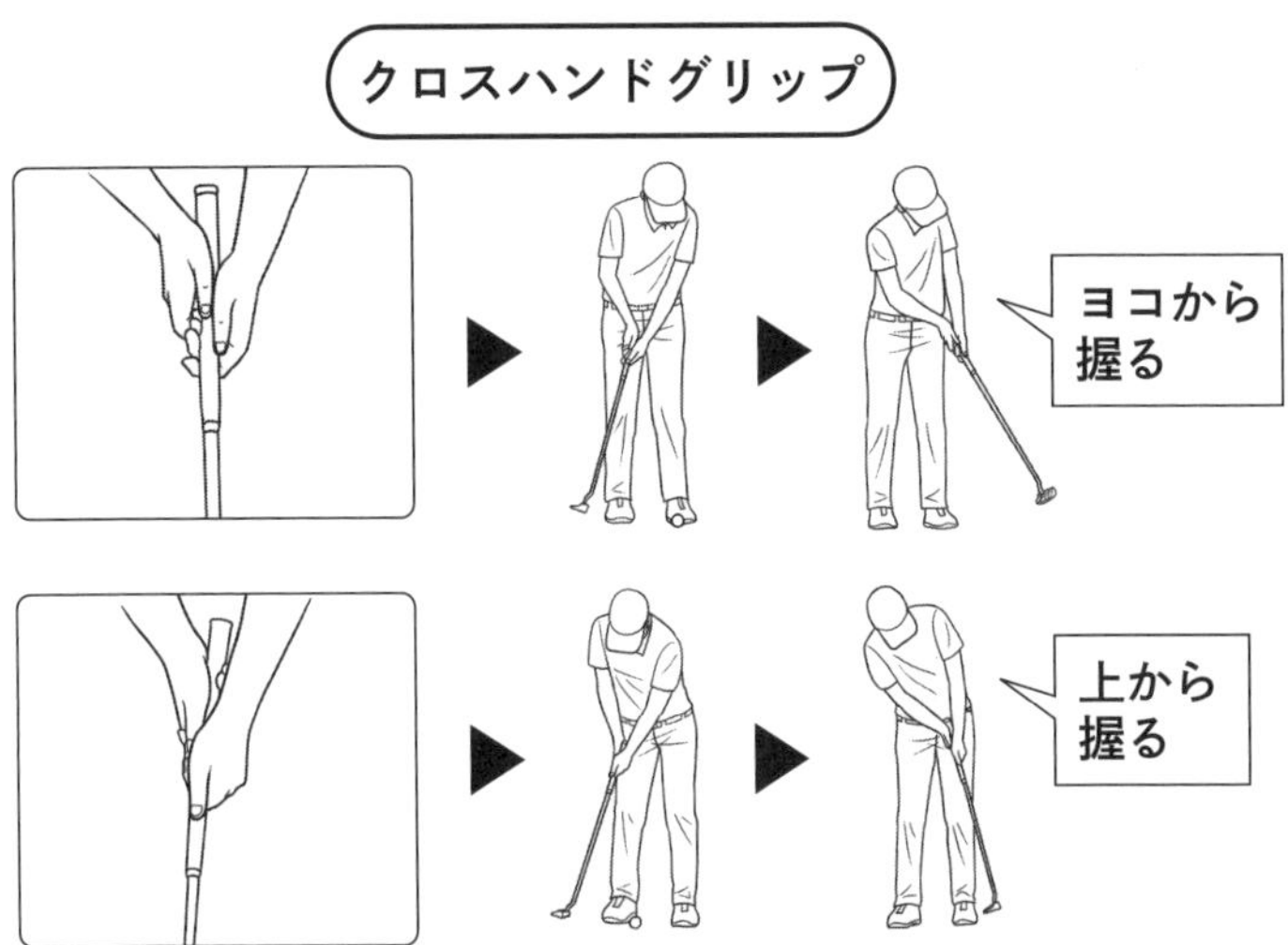

右手を上、左手を下にするクロスハンド。右手の使用が抑えられて出球の方向が安定する。ショートパットが得意だが利き手が使いづらくなるためロングパットが合わせづらい人もいる

パットのポイント

32

グリップ

スクエア感が欲しければ合掌スタイル

両手の高さを変えず合掌するようなスタイルのグリップもあります。項目30で紹介した両手のひらを合わせる感じです。

両手の高さを揃えると、構えたときに両肩の高さも揃います。当然両ヒジの高さも揃ってスクエア感が出る。**ターゲットに対してスクエアに構えてストロークしたいプレーヤーに向きます。**

また、パターヘッドを振り子のように動かしやすいので**左右対称のストロークになりやすい。**手首を使わないようにすることがこのグリップで安定したパットを打つ条件です。

左手でパターを持ち、右手を上から添えるクロウグリップもよく見かけるようになりました。クロスハンドに輪をかけて右手を使わないので、**手首を使いすぎたり、右手が走りすぎる人は試してみるといいでしょう。**

クロウグリップの人は右手の甲をパッティングラインと平行に置くので真っすぐストロークしやすい。**ヘッドが真っすぐ動きやすいグリップといえます。**

前屈みの姿勢だと振りづらいので、前傾は浅くなり、スタンス幅は比較的狭め。アップライトな構えになるのが特徴です。

振り子のイメージで動ける合掌、真っすぐ動かせるクロウグリップ

合掌スタイルグリップ

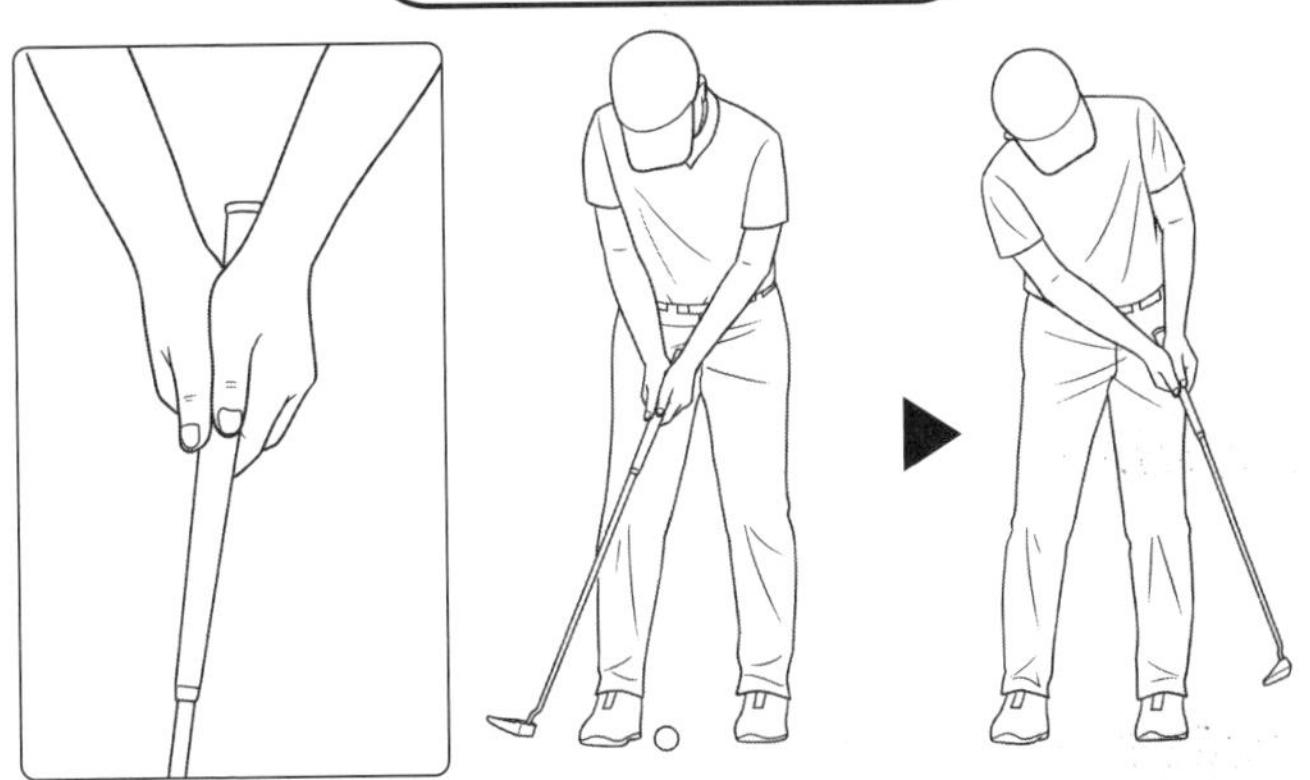

合掌スタイルで両手の高さが揃うと両肩、両ヒジの高さが揃ってスクエア感が出る。ヘッドを振り子のように動かしやすく左右対称に振りやすい

クロウグリップ

左手で持ち右手を添えるクロウグリップ。手首を使いすぎたり右手が走りすぎる人にいい。右手の甲をラインと平行にすると真っすぐストロークしやすい

パットのポイント

33

スタンス

自分に合ったスタンス幅の見つけ方

スタンス幅も千差万別。これといった決まりもありませんが、ショットと違って全身をダイナミックに使いませんから踏ん張る必要はない。体重移動を使わないのがオーソドックスなので、スタンス幅が狭いプレーヤーもたくさんいます。

とはいえ、松山英樹(まつやまひでき)プロのようにワイド系のプレーヤーもいる。**要はストローク中、いかに体を安定させられるかがポイントです。**

傾向的に多いのは両足の外側が肩幅に収まるくらいの広さ。これを基準に広くしたり狭めたりして、しっくりくる幅を決めるといいでしょう。打ち方にもよりますが、狭いと方向性は安定するかわりに、ロングパットが打ちづらくなるので注意が必要です。

足の置き方も大事。両ツマ先を開く、閉じる、両足を平行に置くなど向きによって安定感に違いが出ます。

加えていうとスタンスはスクエアでなくてもOK。狙った方向に打ち出し、距離感が合えばオープンスタンスもクローズドスタンスもあり。オープンに立つとフェースを目標に向けやすく、打ち出しやすいので試してみるといいでしょう。

いかに体を安定させられるかがポイント

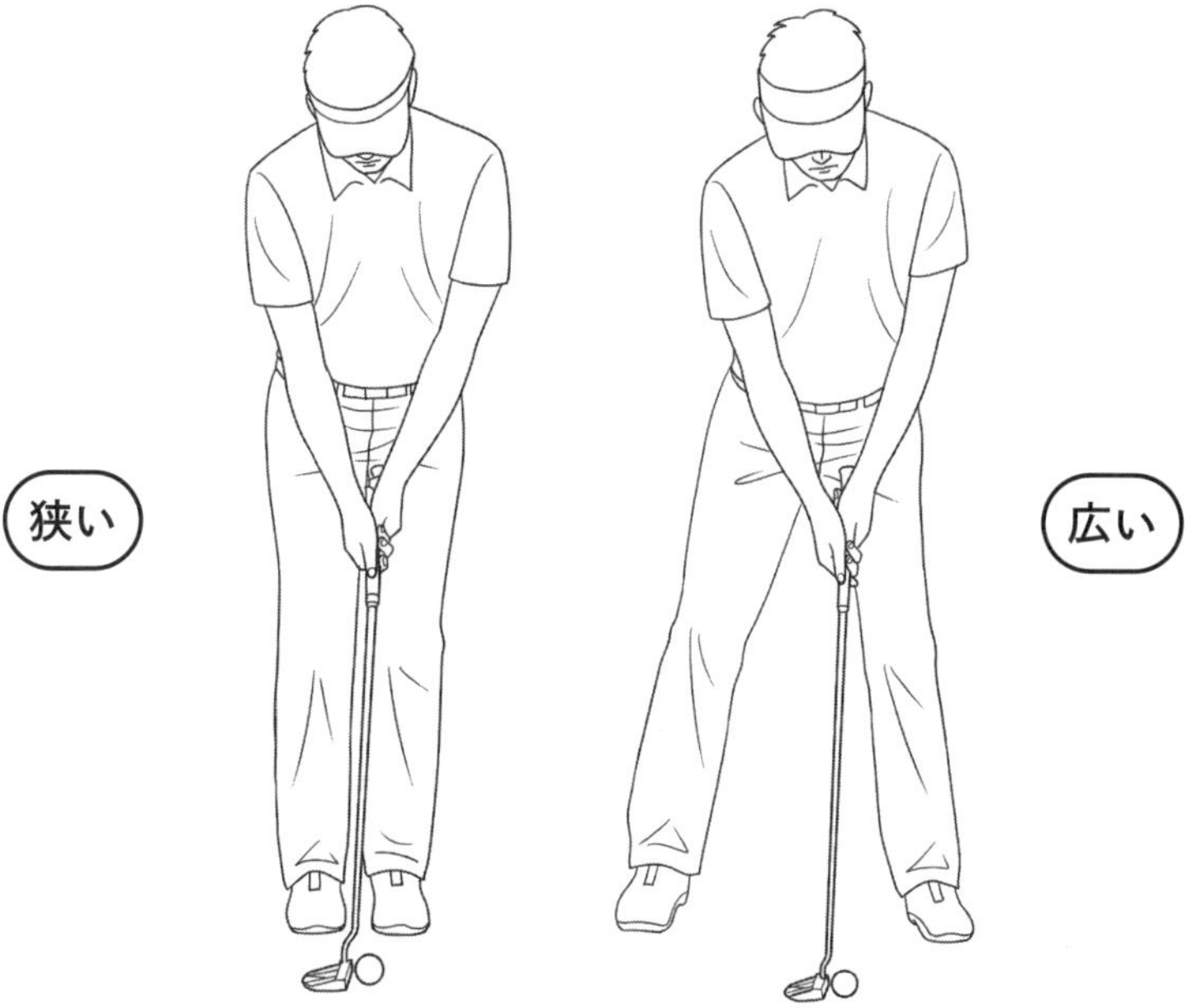

狭い

広い

両足の外側が肩幅に収まるくらいの広さを基準にスタンス幅を広げたり狭めたりして最適な幅を決める

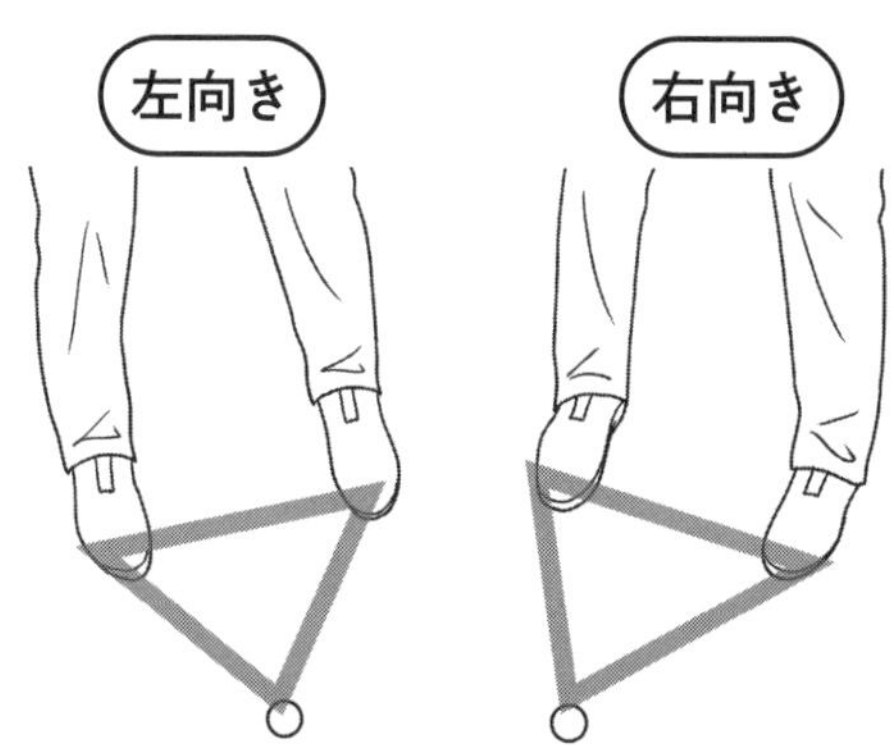

足の置き方は自由でいいが、目標を向くときはスタンスラインごと動く。ボールを頂点とした三角形を変えないで動く感じだ

パットのポイント

34

体重配分

下半身をどっしり安定＆体重配分についての考察

下半身を安定させるのがアドレスの基本ですが、パットの場合は意識しすぎるとストロークがぎこちなくなります。決めた幅に両足を開き、足の底をしっかり地面につけておけば十分です。

ストローク中の体重移動も不要です。ただ、ラインによってあらかじめ左右の体重配分を変えてアドレスする方法もあります。上りのパットでは左足体重、下りでは右足体重で立っておくのです。

パットは振り子のようなイメージでストロークします。物体が高い所から落ちるときのエネルギー（位置エネルギー）を使うのが振り子運動。その理屈からすると、強めに打ちたい上りではヘッドを高い位置から下ろしたい。左足体重にすることでバックスイングでヘッドが高い位置に上がります。

逆に下りのパットでは右足体重にしておくとバックスイングでヘッドが上げづらくなるため振りすぎを抑えられます。

左足体重にするとダウンブローになって球がつかまりやすくなり、右足体重にするとアッパーブローになってボールに伝わるエネルギーをセーブできるというわけです。

振り子運動は、物体が高所から落ちるときに生じる位置エネルギーを使う。左足体重にすると、バックスイングでヘッドが高く上がるので上りに向く。下りでは、右足体重にするとバックスイングでヘッドが上げづらくなり、振りすぎを抑えられる

パットのポイント

35

前傾角度

ショットを目安に前傾姿勢をとる

ショットでも迷う要素のひとつになるアドレス時の前傾角度ですが、パターのライ角に合わせて構えれば自ずと決まります。

ただ、パターの長さが合っていなかったり、そもそもライ角が合っていないと前傾角度がマチマチになるので、ソールをピタッと地面に置いたときに構えづらいと感じるならパターのフィッティングをするといいでしょう。

パターのライ角は70~72度でクラブの中では最もアップライトですが、傾向的にはショットの前傾角度と大きくは変わりません。**ライ角通りに構えてトゥ側が上がっていれば前傾角度が深すぎ、ヒール側が浮いていれば浅すぎです。**

とはいえ、どちらかになっていたら寄らない、入らない、ということでもありません。パターに合わせたら絶対によくなるとも限らない。これも最大公約数的な見地ですから、しっくりきているなら無理に矯正しなくても構いません。

さらにいえば、ショットの場合は骨盤を前傾させますが、パットはそうしなくてもいい。ライ角から大きく外れていなければいい、くらいに柔軟に考えて対応すればいいでしょう。

ライ角なりに構えれば前傾角度は自ずと決まる

パターのライ角は70〜72度。比較的アップライトだが前傾角度はショットと同じと考えていい。ショットのイメージで構えてトゥ側が上がっていれば前傾角度が深すぎ、ヒール側が浮いていれば浅すぎ

パットのポイント

36

ボール位置

ボールの位置は利き目の真下

厳密にいえばボールの位置にも決まりはありません。ただ、パットを安定させるには、毎回同じように構え、同じようにストロークするのが合理的。それにはボールの位置を一定にすることが大事な要素になります。

おすすめのボール位置は利き目の真下（利き目の見つけ方は項目25参照）。**パターをライ角通りにセットして構えたら、目元からボールを落下させ、着地したところがボール位置の目安になります。**

なぜ目の真下がいいかというと、パッティングラインと目線が平行になりやすいからです（項目39参照）。また、目の真下より前にあるとフラットな構えになりやすく、体に寄りすぎるとアップライトになりやすい。いずれにしてもストロークしづらくなります。

しかし、毎回目の真下に置くのは簡単ではありません。実際、アマチュアはショートパットでボールに近づき、ロングパットでは離れる傾向があるので、あらかじめツマ先とボールとの距離を測っておき、いつもその間隔をとれるように練習しておきましょう。２つの方法を併用すれば、ボールの位置、ボールと自分との距離が一定になります。

おすすめのボール位置は利き目の真下

パターをライ角通りにセットして構えたら、利き目の目元からボールを落下。着地したところがボール位置の目安となる。目の真下はパッティングラインと目線が平行になりやすい。またあらかじめツマ先とボールとの距離を測っておき、その間隔をとれるように練習しておくのも得策

パットのポイント

37

アドレス

ヒジから先を一本の棒にする

また、正しくパームグリップで持てると、手首とパターの間に角度ができない。つまり手首が真っすぐ伸びた状態になります。

こうしてできたアドレスを飛球線後方から見ると、**右ヒジからパターヘッドまでが一本の棒のように真っすぐになり、カップ側から見ると左ヒジから先が同様に真っすぐになります。**

つまりヒジから先がパターのようになります。手首を使わなければ振り子の支点がひとつになり、体を使ってストロークできるので安定感がアップします。

前傾したら両腕をだらんと真下に垂らしたところでグリップします。これはショットと同じ。必然的に両手は肩の真下に収まります。手が体から離れるとストローク軌道がフラットになり過度なイン・トゥ・インになる。逆に近づくとヘッドがアウトに上がってアウトに抜ける変則軌道になります。

ボールが利き目の真下にあると、右目が利き目の場合は気持ちハンドファースト、左目が利き目だと手の真下にヘッドがくる感じになりますが、ハンドレートになることはありません。

ヒジから先を一本のパターのようにする

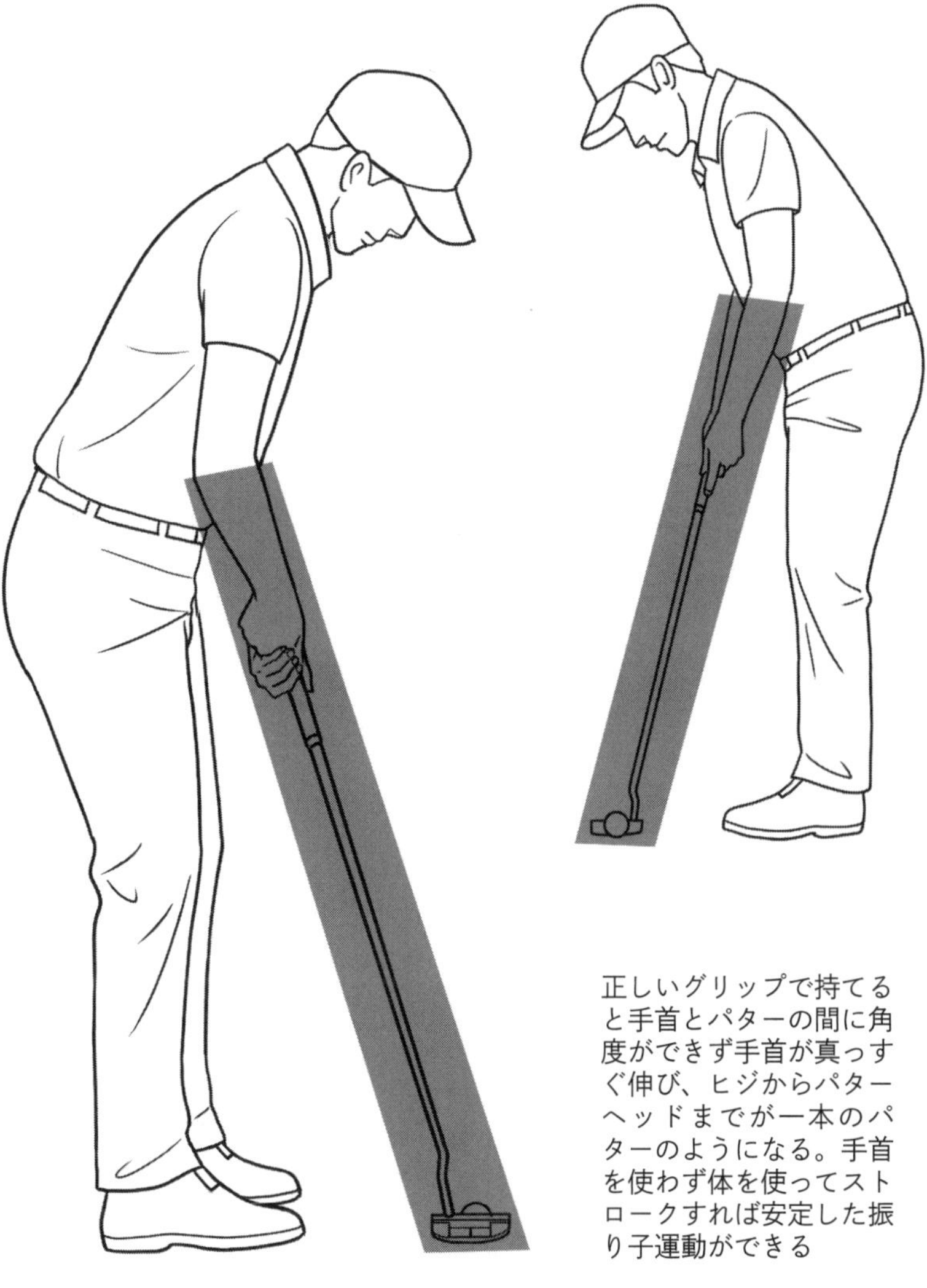

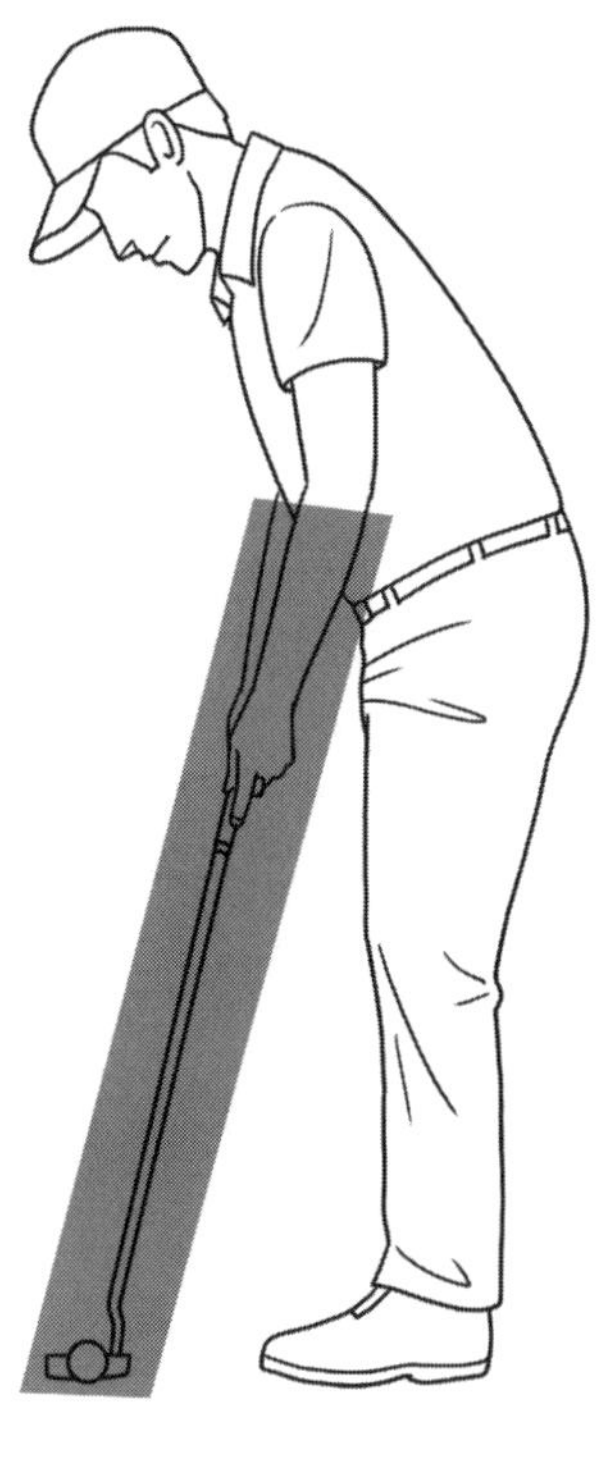

正しいグリップで持てると手首とパターの間に角度ができず手首が真っすぐ伸び、ヒジからパターヘッドまでが一本のパターのようになる。手首を使わず体を使ってストロークすれば安定した振り子運動ができる

パットの
ポイント
38
フェース向き

フェースを正しく目標に向ける

パットではスライスやフックを打ちません。意図的にボールを曲げることがないので、常にターゲットに対して真っすぐにボールを打ち出します。

そうなると欠かせないのはフェースをターゲットに向けること。オープンフェースやクローズフェースでアドレスする人がいるかもしれませんが、高い確率で狙った方向に打ち出すにはフェースをターゲットに向けておくのがおすすめです。

それには**ライン上にスパットとなる目印を見つけ、そこにフェースを向ける。**あるいはボールのロゴを目印に向け、ロゴに対してフェースをスクエアにセットするのがオーソドックスな方法です。ロゴがフェースと平行になるようにボールを置いてもいいでしょう。

また、**自分が合わせやすいと感じるマークをあらかじめボールに書き込んでおくのも手です。**

フェースをターゲットに向けたら目標確認をしますが、打つ直前はスパットしか見ないように。特にカップが視野に入ってくる距離のパットはカップに向かってストロークしやすくなるので要注意です。

ターゲットに対し常に真っすぐボールを打ち出す

アドレスでフェースをターゲットに向けておくほうが、高い確率で狙った方向に打ち出せる

ボール近くのライン上に目印を見つけてそこにフェースを向けたり、ボールに線を引いておき、それに対してフェースをスクエアにセットしてもいい

目線

目線とターゲットラインは平行に

アドレスで両目を結んだ目線のラインと、ボールと目標を結んだターゲットラインが平行になっていると狙った方向に打ち出せます。

項目36ではボールを利き目の真下に置くと紹介しましたが、それは目線とターゲットラインを重ねられて、平行にセットしやすいからです。

フェースがターゲット方向を向いていても、目線とターゲットラインがクロスしていると狙った方向に打ち出せません。目線が左を向いていれば左に、右を向いていれば右に打ち出し、その瞬間にカップインの可能性はおろか、寄る確率も下がってしまいます。

ターゲットを向いているつもりなのに、それより左右に打ち出す傾向がある人は、アドレスしたところでパターを目元にもっていき、シャフトを目線に合わせてターゲットラインとクロスしていないかチェックするクセをつけましょう。

また、**アドレスした状態で素振りをすると目線が逸れるリスクがあります。**心あたりがある人は、ボールの後ろに立ち、ターゲットに正対する形で素振りをしてからアドレスに入るようにするといいでしょう。

目線とターゲットラインがクロスしていると狙った方向に打ち出せない

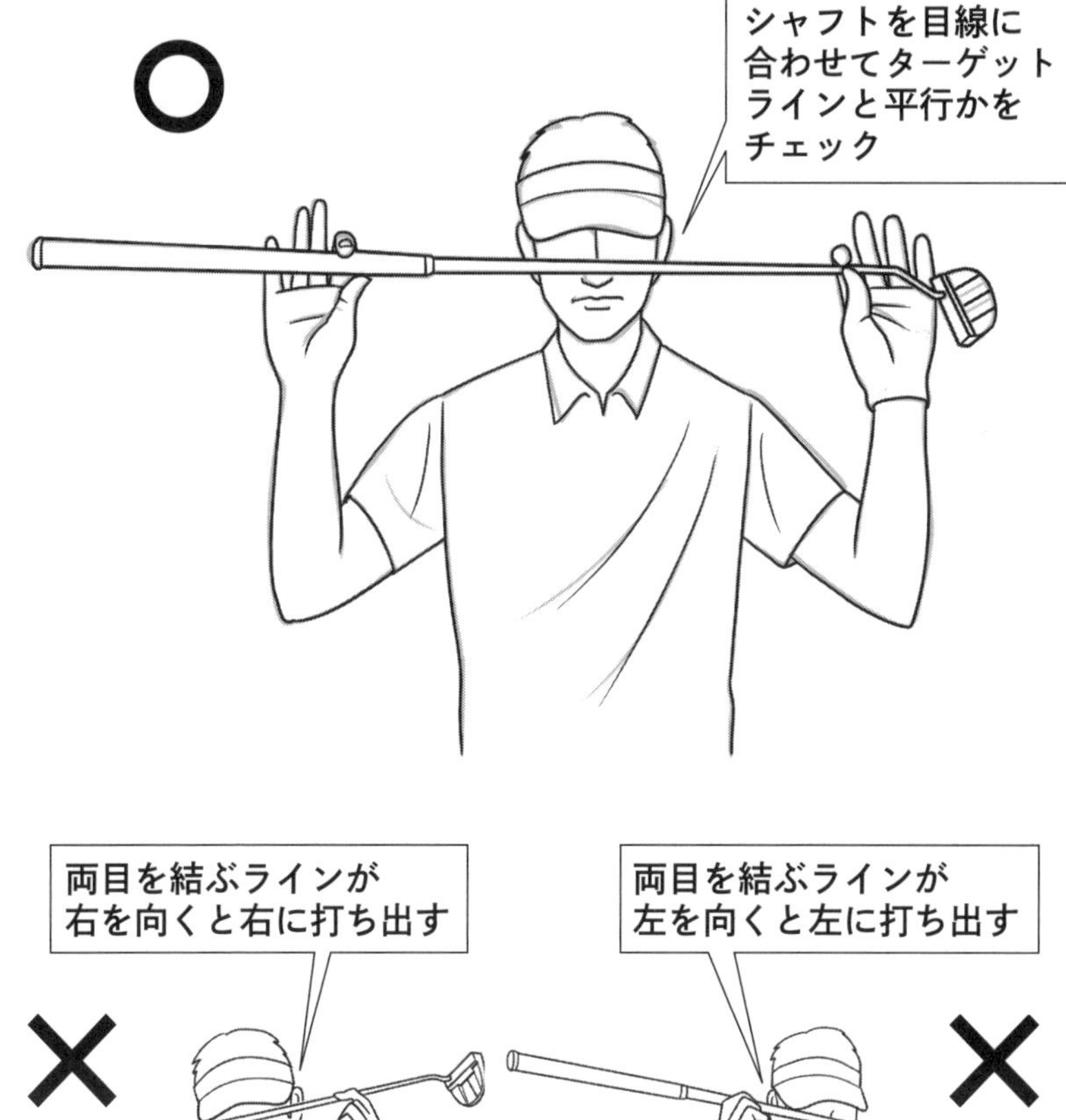

両目を結ぶラインが左を向くと左、右を向くと右に打ち出す。目標の左右に打ち出す傾向のある人はアドレスでパターを目元に持っていき、シャフトを目線に合わせてターゲットラインとクロスしていないかチェックしよう

パットのポイント

40

スライスラインとフックライン

スライスラインは右手、フックラインは左手でセット

パターのライ角通りに構えるのがアドレスの基本ですが、パターを両手で持って構えるより、片手で持ったほうがパターを持ち上げる感じにならないため素直に置きやすいかもしれません。

また、**左右どちらの手で置くかでも構えやすさに差が出ます。**一般的には右手一本で持つと体が開いてターゲット方向を向きやすいのでフェースを目印に向けやすくなります。

スライスラインは右手から、フックラインは左手からというプレーヤーもいます。カップより左に打ち出すスライスラインは体が開きやすい右手一本のほうがフェースを目印に向けやすく、右に打ち出すフックラインは左手一本のほうが体が閉じて、フェースを右に向けやすいからです。

いずれの場合もフェースが目標を向いていればスタンスラインはスクエアでなくてもOKですが、右手一本でセットしたときに右肩、左手一本でセットした場合には左肩がかぶらないように注意しましょう。

逆にスライスラインは左手から、フックラインは右手からのほうが合わせやすいプレーヤーもいるので試してみるといいでしょう。

片手のほうがパターを素直に置きやすい

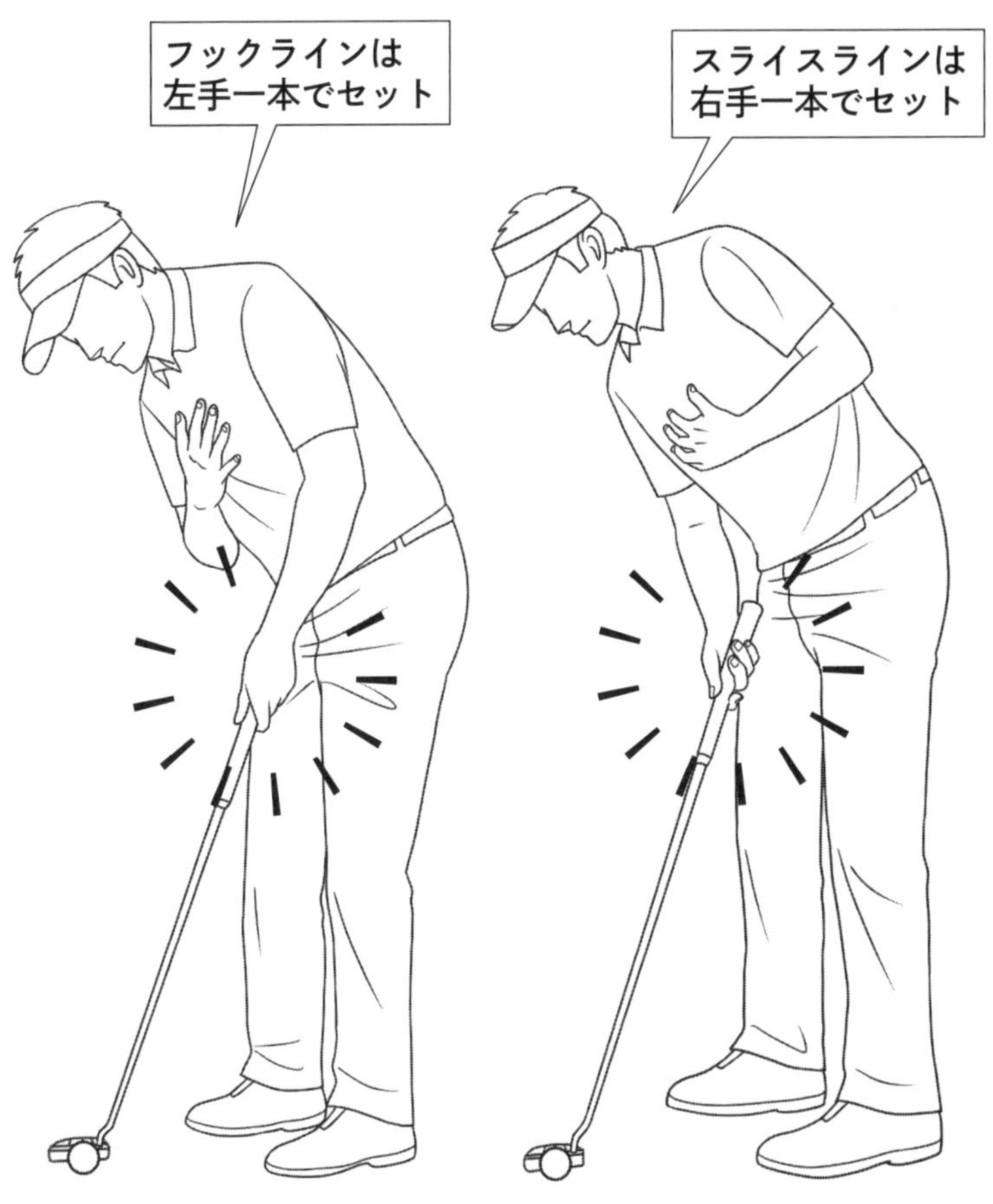

カップの左に打ち出すスライスラインは、体が開きやすい右手一本のほうがフェースを目印に向けやすい。一方、右に打ち出すフックラインは、左手一本のほうが体が閉じてフェースを右に向けやすい。右手一本では右肩、左手一本では左肩がかぶらないように注意

パットのポイント

41

目標確認

顔を上げずに目標を最終確認する

ストローク前の最終確認としてターゲットを2度3度と見る人が多いと思いますが、ここで気をつけなければいけないことがあります。**頭を上げてターゲットを見ないことです。**

多くのアマチュアは、最終確認するときに頭を起こしながら視線をターゲットに向けるのですが、これだと多かれ少なかれ上体が起きます。これは距離の長いパットほど顕著。遠くを見るほど体が起きます。

せっかく正しく構えても、ここで体が起きるとアドレスが崩れます。また、正しい構えに戻しても、体を起こしながら打ってヘッドアップしやすい。打った時点で出球の方向が狂ってしまうので寄らないのはいわずもがな、フェースの芯に当たらないのでショートしやすくもなります。

アドレスしたときにカップが視野に入るショートパットでは、頭を起こさず目線を向けるだけで目標確認ができます。このとき前傾角度が保たれたまま首だけが左を回って顔がわずかに左を向きますが、すべてのパットはこうしなければいけない。ロングパットで近くにスパットを設け、そこを通すように集中するのはこのためです。

頭を起こさず顔を左に向けて目標を確認する

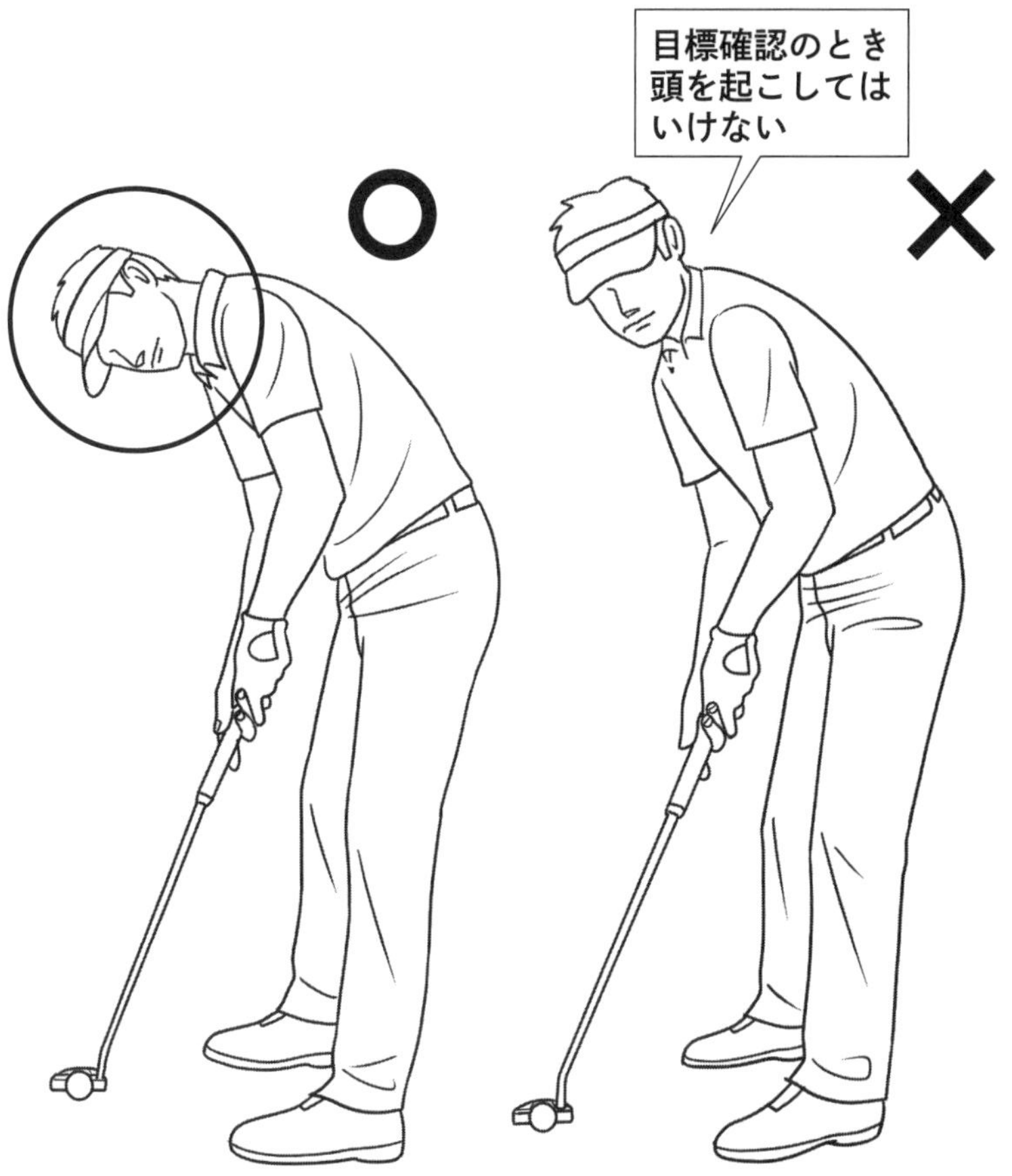

頭を起こしてターゲットを見ると上体が起きる。目標確認は頭は起こさず首を左に回して顔を左に向ける。頭が起きやすいロングパットでは、近くに設けたスパットだけ見て打つほうがいい

パットのポイント
42
素振り

転がるボールをイメージしながら素振り

打つ前に素振りをする人も多いと思いますが、そのやり方や効果はさまざまです。

オーソドックスなのはアドレスし打つ直前に行う素振り。

打つ距離と振り幅をマニュアル的に決めている方は、決めた振り幅をしっかりとれるように素振りをしますが、大事なのはリズム。振り幅だけにとらわれるとリズムを忘れ、ゆっくり上げて速く下ろしたりインパクトが緩んだりしますから、**リズムありきで振り幅を整えましょう。**

距離感の点で効果があるのはターゲットを見たまま行う素振り。カップでも定めた目標でもいいですが、そこを見ながら素振りを繰り返し、再現できる状態になるまでインプットしたら間を置かずに打ちます。目から入った情報を動きに反映させるスタイルで多くのプロが取り入れています。

アドレスに入る前にボールの後方に立ち、カップを正面に見ながら素振りをするプロもいます。大抵はカップや目標に目を向けたまま行ってストロークを体に覚え込ませていきます。アドレスした状態で目標を左に置いて振るよりも動きやすく、かつスクエアにもストロークしやすいのがメリットです。

いずれの場合も、ボールスピードや転がり方をイメージしながら行うことはいうまでもありません。

第４章

パットはタッチがすべて「距離感の出し方」

パットのポイント

43

タッチ

3パットは距離感のズレで起こる

たとえば10メートルのパット。よほどラインを読み違えない限り、左右に5メートル外すことはないと思います。

ところがカップの前後となると、簡単に5メートルショートすればオーバーもします。ミドルパットも同様で、下りで打ちすぎ、上りで打ち切れずに2パットで収まらないことがよくあります。たとえ2パットで上がれても、ストレスフルなパットを強いられますから3パットは時間の問題。

つまり、**想定外に打ってしまう原因は距離感（タッチ）のズレにあるわけで、タッチさえ合えば3パットは自ずと影を潜めていくということです。**

とはいえ、タッチを合わせるのは厄介です。なぜなら合わせ方が百人百様で、最終的には個々の感覚に頼ることになるから。おまけにグリーンは毎回違うので、〝今日は合っても明日は合わない〟が普通。そうなると余計に感覚に頼ることになります。

感覚の出し方は自分で工夫するしかありませんが、毎回変わるグリーンに対処するには基準を設けること。それを軸に強めのタッチ、弱めのタッチという具合に合わせていくのが合理的です。ということで、この章ではタッチの基準を設ける方法を中心に紹介していきます。

パットのポイント

44

ボールスピード

ボールのスピードをイメージして打つ

「タッチを出す」とは距離を合わせること。そして距離を合わせるとはボールのスピードをコントロールすることです。

3メートルのパットと10メートルのパット、距離のほかになにが違うかといえば打球の速さ。10メートルを打つ球速で3メートル打つ人もいなければ、3メートルの球速で10メートルを打つ人もいません。距離にそぐわない速さのボールを打ったらオーバーやショートするのがわかっているからです。

誰もが生まれながらにもっているこのスピード感の差を徐々に狭めていけばタッチは合ってきます。10メートルと3メートルの速さは明らかに違いますが、距離が10メートルに近づくほどボールスピードは乗ってくる。この推移を段階的にインプットしていくわけです。

もちろん実戦では平らなグリーンが少ないので、ラインによって生じるボールスピードの違いも考慮しなければいけませんが、まずは平らなところで、距離によってどれくらいスピードの違いがあるのかを摑みましょう。

プロがボールの回転を気にするのは、回転の仕方によってボールスピードが変わるから。自分のイメージするスピードで打つには球がヨレないこと。すなわち転がりのいい順回転のボールが必要なのです。

パットのポイント

45

ジャストタッチ

ジャストタッチを基準にする

タッチの出し方は人それぞれですが、**自分のタッチが摑み切れていないなら、ジャストタッチをイメージして打ってみましょう。**

ジャストタッチを簡単にいうと、強すぎず弱すぎない距離感です。

強めに打っても弱めに打っても、ボールがカップに落下するのは重力のなせる業。そう考えたときに、最も重力を有効に利用した沈め方といえるでしょう。

いうまでもなくタッチが弱すぎるとカップまで届きません。弱めのタッチとはカップの縁からボールが「コロン」と落下するイメージ。オーバーのリスクが少ない反面ショートしやすいタッチです。

反対に強すぎるとカップの奥の縁に当たってボールが跳ねてしまいます。強めのタッチとは、カップ奥の壁に「トン！」と当たって入る感じ。ショートしづらいですがオーバーのリスクがあるタッチといえます。

ジャストタッチは両者の中間でカップの真ん中から「トン！」と落下する。これを基準に自分が「コロン」と「トン！」のどちらが好きか、またはショートとオーバー、どちらが受け入れやすいかを考えてみましょう。

ジャストタッチは強すぎず弱すぎない距離感

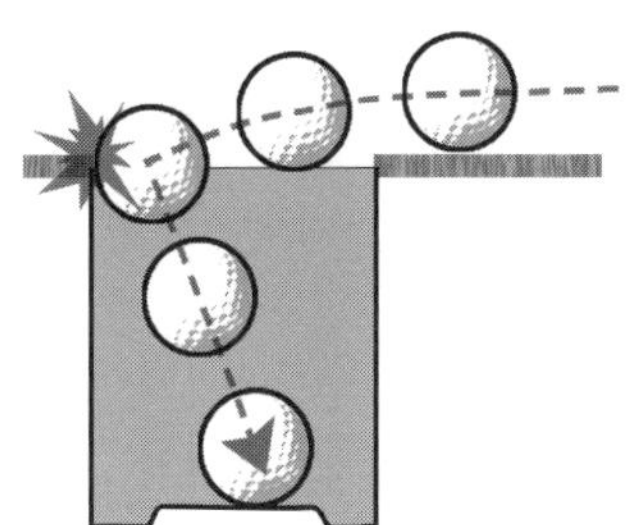

強めのタッチ

カップ奥の壁に「トン！」と当たって入るタッチ。ショートはしづらいがオーバーのリスクが高い

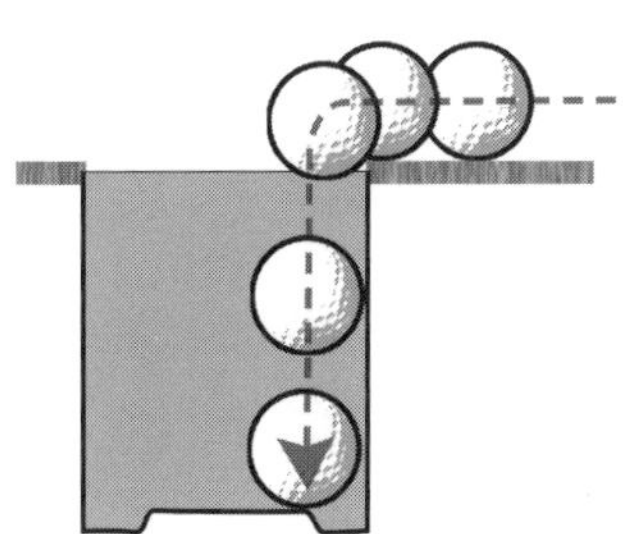

弱めのタッチ

遅めに転がりカップの縁から「コロン」と落下するタッチ。オーバーのリスクが少ないがショートしやすい

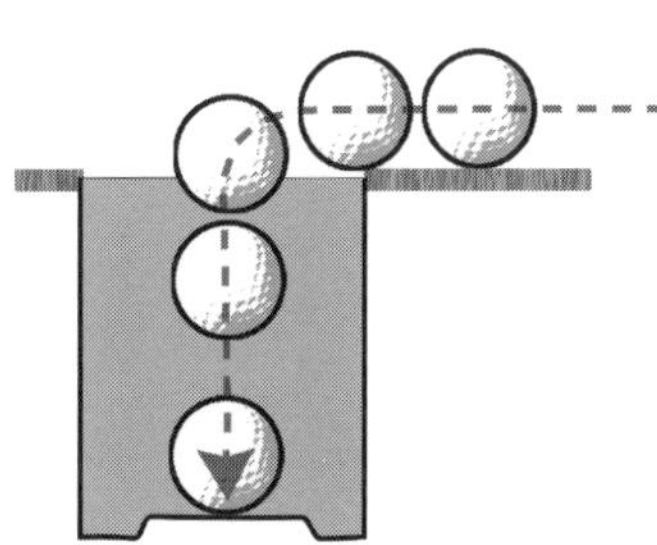

ジャストタッチ

ジャストタッチは重力を有効に利用した沈め方。強すぎず、弱すぎず「トン！」と落下する距離感

パットのポイント 46

加速と減速

ボールの加速領域と減速領域で考える

いかなるラインのパットでも、打った直後にボールは加速します。そして徐々に減速し、最後は止まります。

ボールスピードをイメージする際に、加速と減速の領域を意識するとタッチが合わせやすくなります。

たとえば10メートルのパットなら、打ち出してから4メートルは加速領域。その先は減速領域となりカップのあたりで止まる、という具合です。

さまざまなラインにも適用できます。同じ10メートルでも上りなら加速領域を6～7メートルに、下りなら2～3メートルと考えなければならないかもしれません。下りの場合は惰性(だせい)でも転がるので、この領域を設定してもいい。惰性の領域にボールを止めるつもりで打てばカップまで届くこともあります。

スライスラインもフックラインも多かれ少なかれ傾斜によって形成されますから、強めのタッチなら加速領域が長くなり、弱めのタッチなら短くなります。それによって打ち出し方向も変わります。

この方法がフィットすれば大オーバーや大ショートは確実に減ります。

加速、惰性、減速の３つの領域で転がりをイメージ

上りのパット

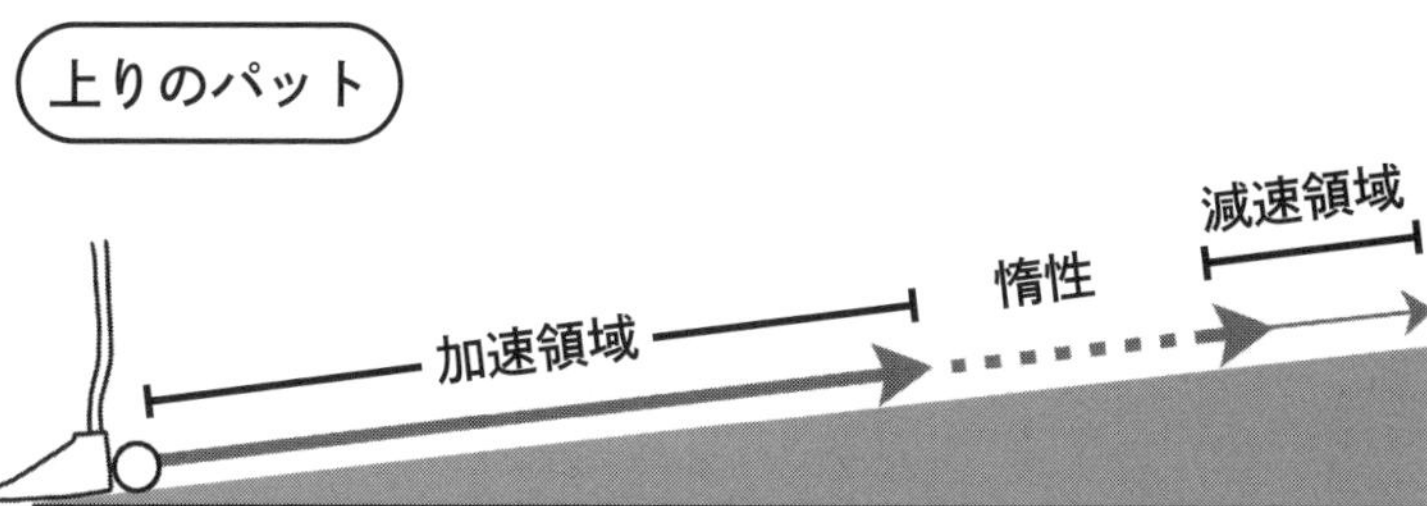

上りのパットは加速領域を多めにとり、惰性の領域を経て減速領域にカップがあるイメージ

下りのパット

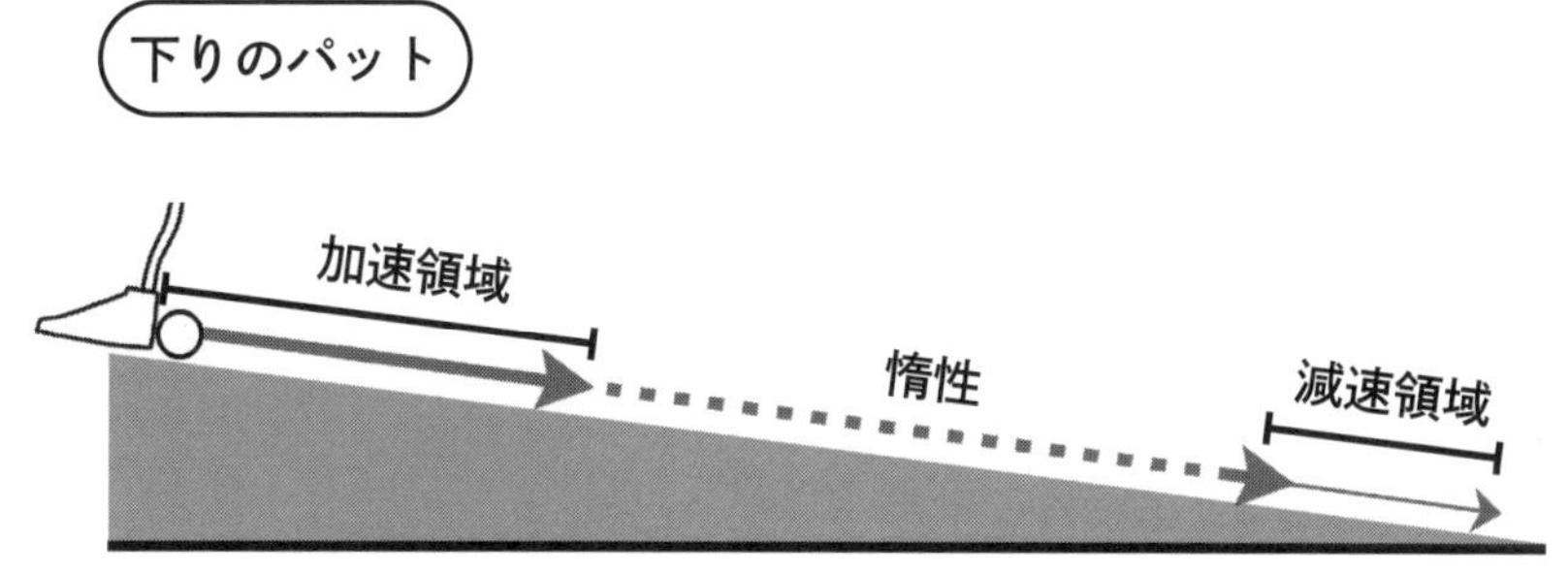

下りなら加速領域は少なめにとる。惰性で転がる領域が多く、減速領域も少なくなるイメージ

パットのポイント

47

ボール スピード

速いグリーンはゆっくり転がるボールをイメージ

タッチを出す際には、これらのラインにボールスピードを重ねますが、スピードをダイレクトに反映させると、速いグリーンでオーバー、遅いグリーンでショートする可能性が高まります。

これを防ぐには、**速いグリーンはゆっくり転がるボール、遅いグリーンでは速く転がるボールをイメージします。**

これはグリーンの速さを上りと下りのラインに置き換えても同じことです。当たり前のことなのですが、アマチュアはここまでイメージできていない人が多いのです。

ボールスピードをイメージしてタッチを出す場合、速いグリーンと遅いグリーンではイメージの仕方を変えなければいけません。

ためしに、全く同じスライスラインで、グリーンが速いときと遅いときをイメージしてみてください。

カップに向かって同じラインをイメージした人は、安定したパットが打てません。グリーンが速ければ曲がり方は小さく、遅ければ曲がり方が大きくなりますから、前者ではやや直線的なライン、後者ではより曲線的なラインをイメージするのがセオリーだからです。

速いグリーンと遅いグリーンでイメージの仕方を変える

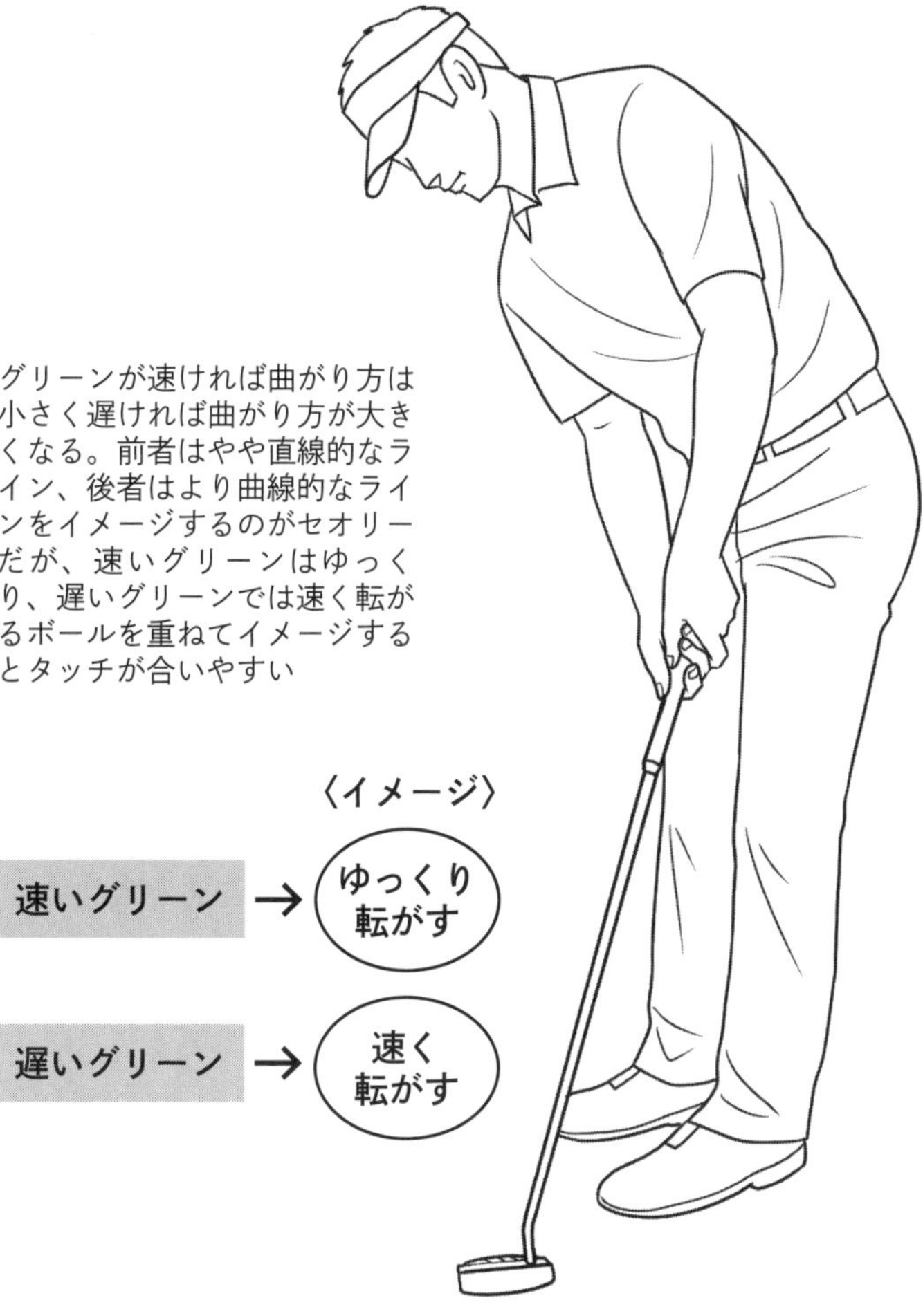

パットのポイント
48
感性

感性で距離感を出す

プロはみな「距離感は感覚」といいます。これまで長い時間パットを打ってきて、今でも毎日のようにいろいろなパットを打ち続けているうちに、どんどん経験値が蓄積されて感覚に落とし込まれるわけです。

アマチュアはこんなわけにはいきませんが、感覚は誰しももっています。5メートル前にいる人に向かってボールを投げたとしても大きく外れる人は少ない。外れたとしても数回繰り返せば投げ渡せるようになります。

感覚を生かすとはこういうこと。プロはよく**「カップに向かって下から投げてボールを転がす感覚」**といいます。

また、項目42で述べた、**ターゲットを見たまま素振りを繰り返す**のも感覚をストロークに反映させる方法。さらには**打ったときの打球音やインパクトの打感をイメージすることでタッチを出す方法**もあります。打つ前にパターで足を叩き、インパクトの強さをイメージしたっていいのです。

ただ、これらはいずれも打ち方や使っているパターによって変わってきます。残念ながら紹介できるのは方法まで。タッチにフィードバックするのはプレーヤーに委ねざるを得ませんが、何となく打つよりははるかによく、距離感の基準作りにも役立ちます。

自分のリズムでストロークする

タッチを合わせる方法はいろいろですが、いずれにしても共通するのは、距離の長いパットほどインパクトでフェースがボールに強く当たることです。

そして、これを**より確実なものにするにはリズムを整える必要があります。**

どんなやり方を選んだとしても、打つたびにリズムが変わったのではタッチは合いません。逆にリズムが一定になれば、振り幅の大きさやインパクトの強さによって確実に転がる距離が変わりますからタッチが出ます。安定度が高くなればイメージ通りに打てないときでも、原因がストローク以外のところにあることがわかり、問題を解決しやすくなります。

しかし、残念ながら多くのアマチュアは自分のリズムがわかっていません。感覚的にはわかっていてもパットを打つ場面では例外なく緊張しますから、持ち前のリズムでストロークできることはまずありません。

おすすめなのはスマホでメトロノームのアプリをダウンロードし、フィットするリズムを聴きながら練習すること。

素振りでもいいので、この方法で普段からパターを動かしてみましょう。自分のリズムで動けるようになり、パットだけでなくショットでも効果が見込めます。

マニュアル方式で距離感を出す

パットには感性が不可欠ですが、アマチュアが効率よく距離感を身につけるにはマニュアル的な手法を併用するのがおすすめです。

よくあるのは振り幅。たとえばスタンス幅と同じ振り幅で打ったときに、どれくらい転がるかをあらかじめ測っておき、それより10センチ大きく振ったらプラス何メートル、というように振り幅と距離を紐づける方法です。

この場合、**左右対称の振り幅にする、バックスイングの大きさだけ決める、フォローの大きさだけ決める、**といった種類があります。

オーソドックスなのは左右対称ですが、バックスイングが大きめでインパクトが緩むタイプならフォローで、インパクトが強く入るタイプならバックスイングの振り幅で調整するといいでしょう。

感覚が備わっているプロはあまり用いない方法ですが、フォローの大きさを気にする人はたくさんいます。理由はどんな打ち方をしてもフォローの大きさと、ボールが転がる距離は比例するから。加えてフォローは確認しやすいので目安にするにはもってこいです。

あるコーチによれば、調子が悪いプレーヤーほどバックスイングを気にするそうで「バックスイングサイドを気にするパット巧者はいない」ともいわれるほどだそうです。

振り幅と距離をリンクさせる

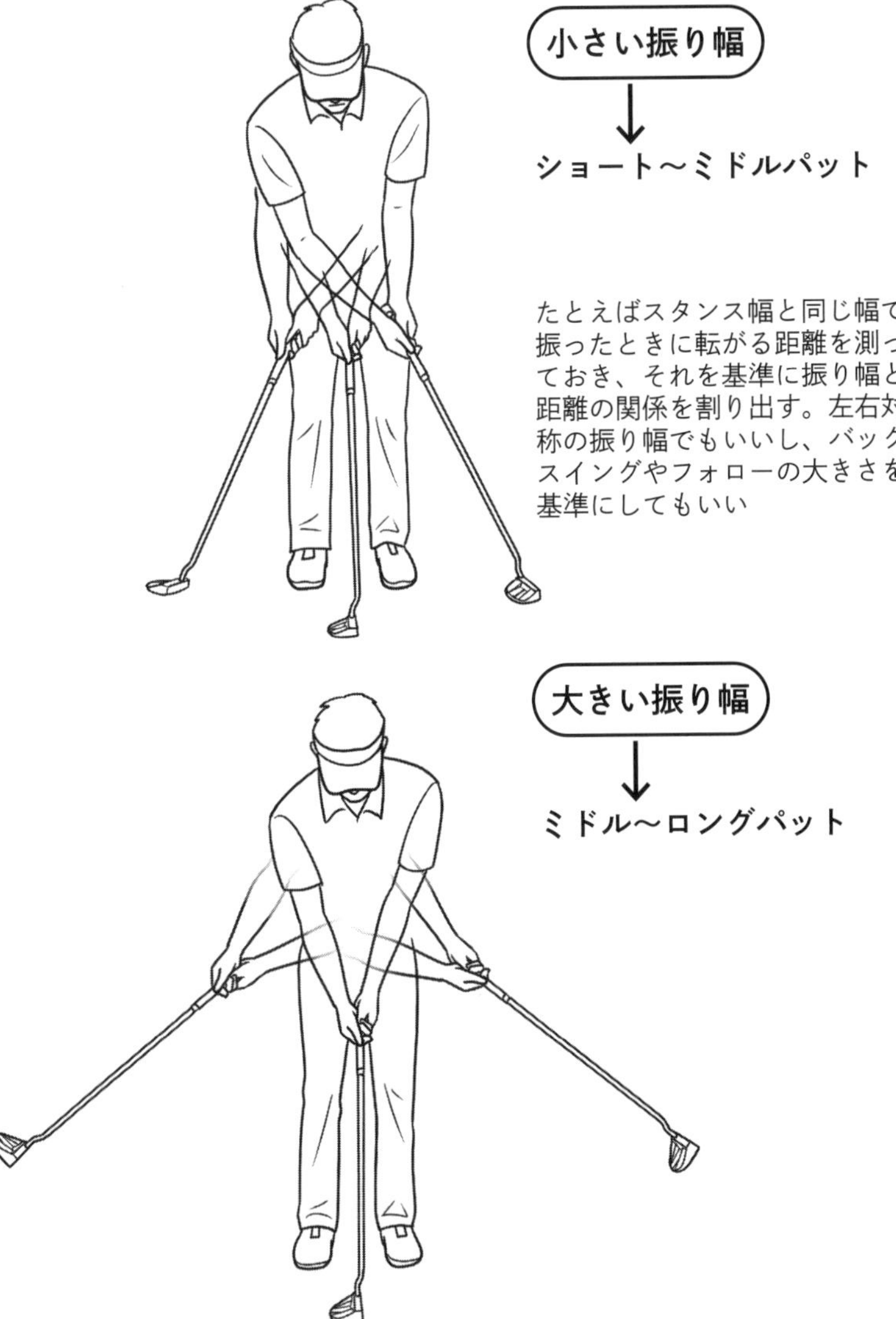

パットのポイント

51 スタート前の練習

スタート前の練習でロングパットの基準を作る

ゴルファーが実戦に準じたロングパットを打つ機会はゴルフ場でしかありませんから、スタート前のパット練習では必ずロングパットを打っておかなければいけません。

とはいえ、闇雲にやっても短い時間でタッチを摑むのは困難ですから、ルーティンを決めて行います。

よくプロがすすめるのは、練習グリーンに足を踏み入れたところでボールを置き、なるべく平らなところに向かい、気持ちよくストロークすることだけ考えて打つこと。

仮に3球打つとしたら、同じように打てばそれほどボールが散ることはないので、**ボールが止まったところに歩測をしながら歩いていきます。そこで得た距離をひとつの基準にする。**ボールまで20歩なら、なにも考えず気持ちよく打てば20歩の距離を転がるということ。10歩の距離ならその半分のタッチで打てばいいということになります。

逆のパターンもあります。気持ちよく打ったあとに時間があれば**10歩の距離を繰り返し打ってタッチを作っておき、そのストロークを基準に距離を合わせるわけです。**大事なのは基準となるタッチを作ることなのです。

スタート前のパット練習では必ずロングパットを打つ

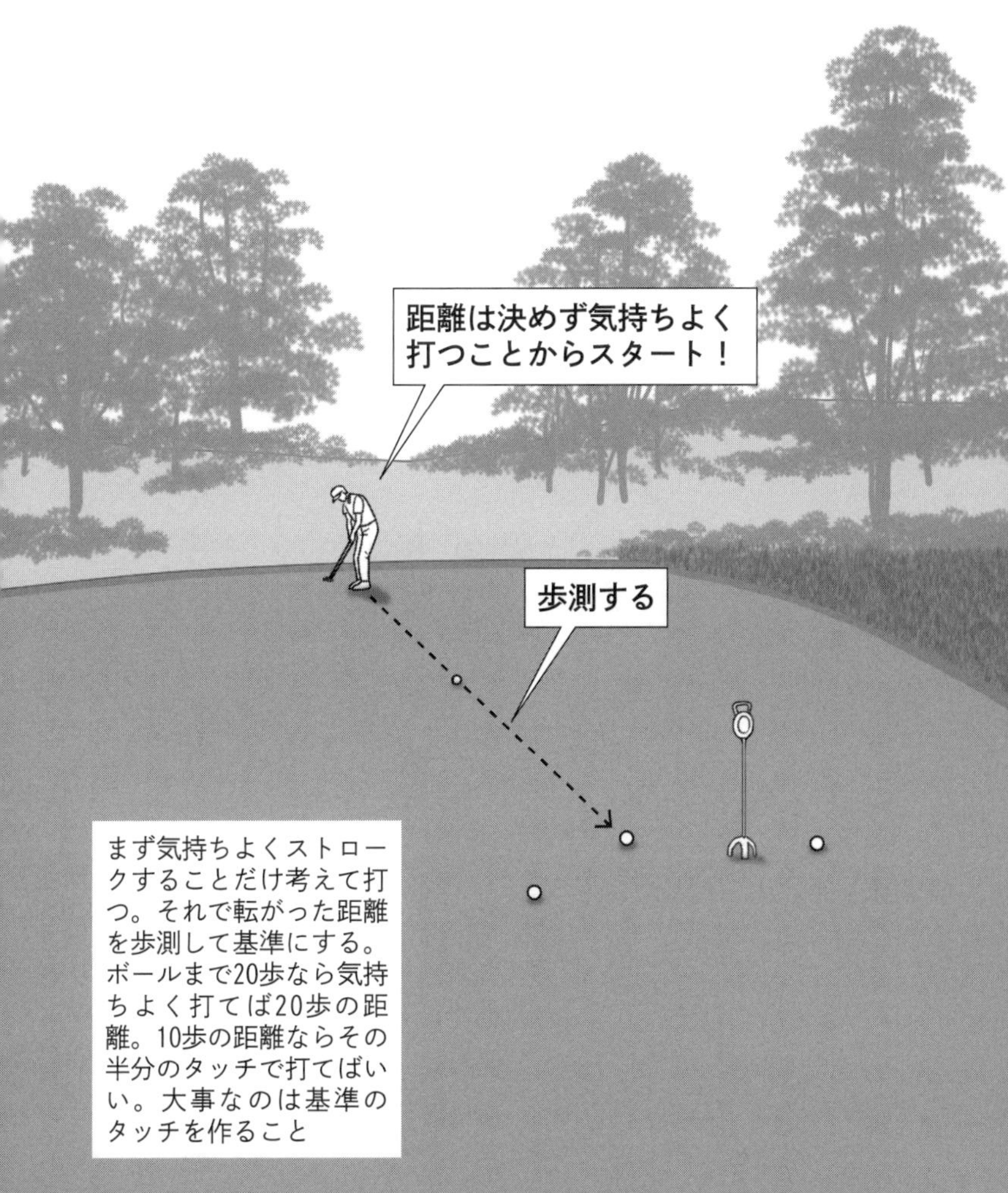

まず気持ちよくストロークすることだけ考えて打つ。それで転がった距離を歩測して基準にする。ボールまで20歩なら気持ちよく打てば20歩の距離。10歩の距離ならその半分のタッチで打てばいい。大事なのは基準のタッチを作ること

パットのポイント

52

歩測の注意点

ターゲット意識を失ってはいけない

経験値の少ないアマチュアの場合、歩測した距離から振り幅を割り出して打つほうが寄る可能性が高い。寄らないことはあっても、平均的なパット数は減少傾向になるので、多くのプロは歩測をすすめます。

気をつけなければいけないのは、ターゲットへの意識を失わないこと。振り幅でタッチを出すとストロークに意識が偏ります。本来の目的はカップに沈めることなのに、そこへの意識が薄らいでは本末転倒。やり方は何でもいいので、ターゲット意識を高めてから打つことです。

前項で歩測の話が出たところで、その是非について考えてみましょう。

プロの場合、グリーン上で歩測をする人としない人がいます。ロングパットはもちろん、2メートルのパットさえ歩測する人がいます。

とはいえ、前項で紹介したように歩測した距離から振り幅を割り出す人はあまりいません。プロは歩測した距離とストローク、およびグリーンの速さをトータルしてタッチを出せるので、マニュアル的に振り幅を合わせる必要がない。というより、そこまでやれば感覚重視のほうがタッチが合うのです。

振り幅だけに気をとられないように注意する

歩測をしてから振り幅を割り出すのはいいが、振り幅に集中しすぎるとターゲットへの意識が薄れる。目的はカップに沈めること。打つ前にはターゲットへの意識を高めること

パットのポイント

53 ロングパット

ロングパットのターゲットはワンピン以内

タッチが合うか合わないかは、おもにロングパットに影響を及ぼしますが、すでに述べた通り、特別なシーンを除けばプロでさえロングパットを入れにいくことはありません。

アマチュアはいわずもがな。シビアに狙うと3パットのリスクが高まるので、ターゲット設定を緩くしましょう。

目安はカップを中心に半径がワンピン（約2・4メートル）の円をイメージし、そのサークルの中に止めること。うまく収まれば次打は1メートル以内のパットになります。

カップまでの距離が遠くなるほどターゲットは狭く見えますから、距離に合わせて広げる。プレッシャーがかからない大きさに設定すればいいですが、できればワンピン以内には収めたいところです。

ちなみにロングパットの距離は自分の判断でOK。パットの難易度は距離だけでは決まらないので、読みづらいラインや、読めてもタッチを出すのが難しいラインであればターゲットを広く設定しましょう。極力2パットでは収めたいですが、状況によっては3パットも致し方なし、のこともある。ときには自分に寛容であることも必要です。

ロングパットは入れにいかない

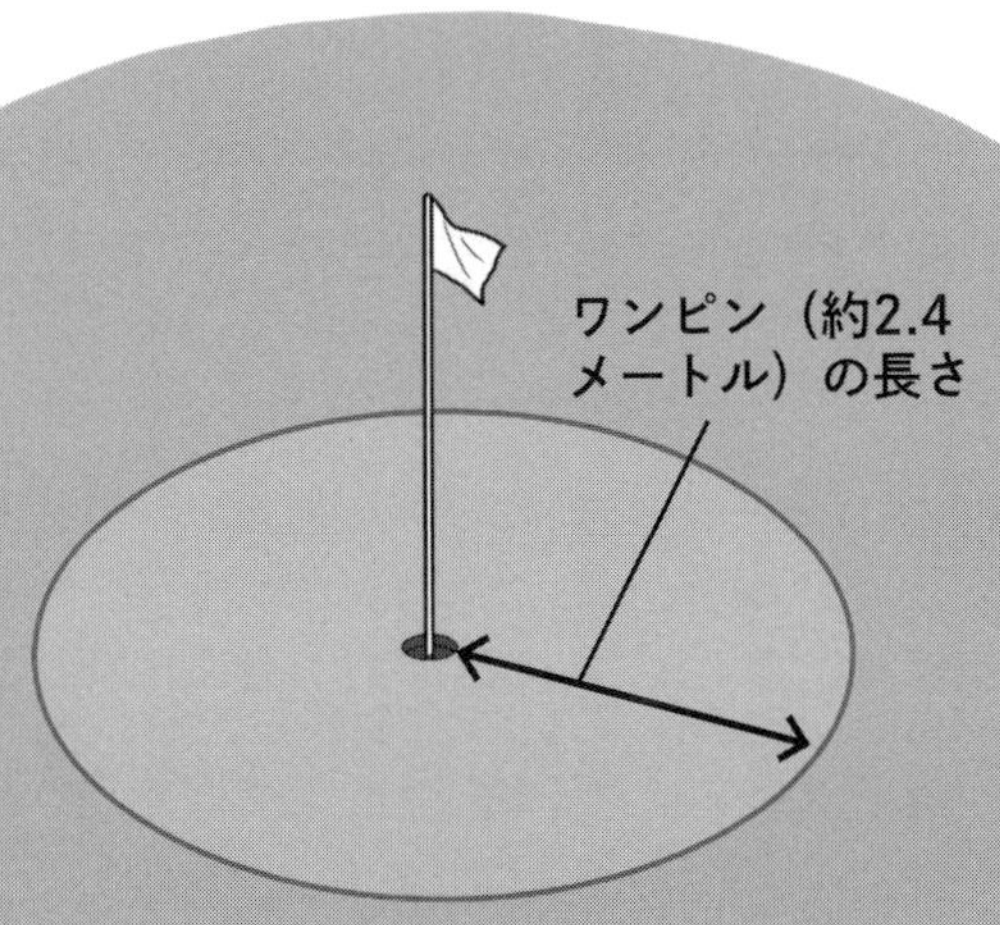

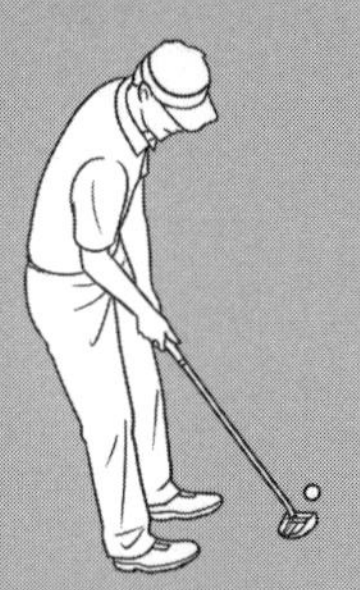

ロングパットを入れにいくと3パットのリスクが高まるので、ターゲットを広めにとる。目安は、カップを中心に半径がワンピンの円の中にボールを止めること。距離が遠くなるほどターゲットを広げるが、できればワンピン以内に収めたい

パットのポイント

54 ロングパット

ワンピン以内で寄らなければカップを狙う

ロングパットのターゲットはワンピン以内と紹介しましたが、それでも寄らない人が結構いるでしょう。そんな人はターゲットが曖昧すぎて、感覚や動きがうまく反応していない可能性があります。

考えてみればボールが転がるラインは、ボールとグリーンが接触している部分が描く細い線。**狙う範囲が広ければ楽と思いがちですが、そう感じない人もいるはずです。**

心あたりがあったら、カップを狙ってみましょう。もちろんしっかりラインを読み、カップに向かって転がるボールをイメージしたうえでの話です。

カップインする確率は高くなく寄らないこともあるかもしれませんが、結果的にワンパット圏内に寄るケースが増えるのであればOKです。

プロの中にはドライバーショットでも狙った木の枝の10センチ先からドロー、といったように厳格にターゲットを設定するプレーヤーがいます。ショットでもそうなのですから、パットではより細かいライン読みをしているはず。そうでなければ、〝ここぞ〟という場面で決めきれません。

カップを狙って外れる分には大きく逸れない

ワンピン以内を狙って思ったように打てなければ、逆にターゲットを狭くしてカップを狙う。しっかりラインを読み、カップに向かって転がるボールをイメージして打つ。毎回寄らなくても結果的にワンパット圏内に寄ればいい

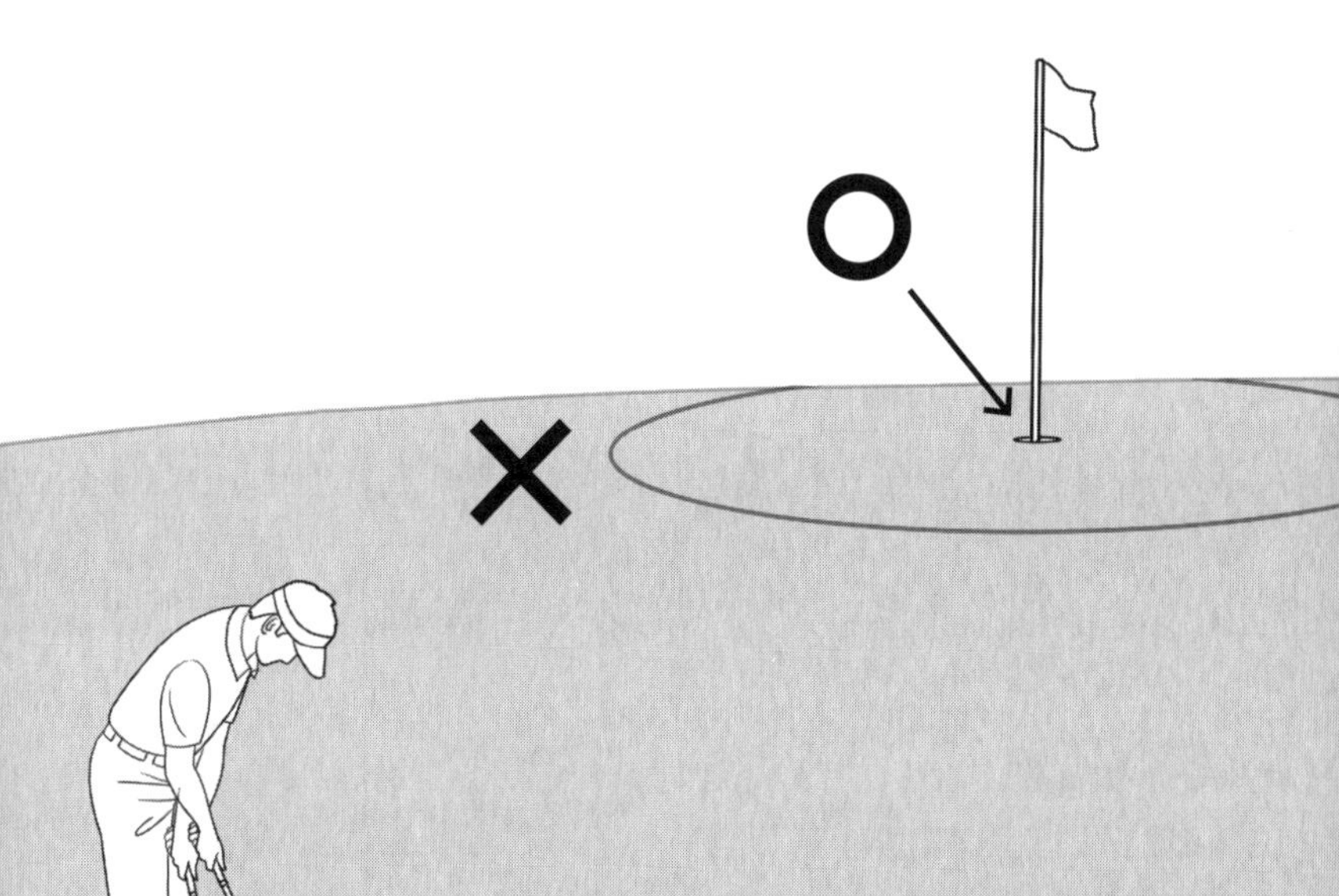

パットのポイント

55

タッチ

30〜40センチオーバーが理想のタッチ

ロングパットをワンパット圏内に寄せ、ミドルパットはあわよくば沈め、ショートパットを確実に入れる。この3つを満たす条件が**カップを30〜40センチオーバーさせるタッチで打つことです。**

ロングパットは難しいのでシビアに考えなくてもいいですが、ミドルパット以下では実践したいところです。

あるデータによると、最もカップインしやすいのはカップを43センチオーバーするタッチだそうです。

このタッチでボールがカップの中心に向かえば間違いなく入りますが、いわゆるカップの左右をかすめた場合でも、カップに向かう重力が推進力より勝るためカップインしやすいということです。

また、カップ周りはすべてのプレーヤーが進入するエリア。これによりグリーン面が凸凹になって抵抗が増しますが、43センチオーバーのタッチならば、それにも負けずに転がってくれる可能性が高いということです。

100%カップインとはいえませんが、30〜40センチオーバーなら返しのパットもプレッシャーなく打てるでしょう。

ミドルパット以下では30〜40センチオーバーを目指す

あるデータによれば、最もカップインしやすいのは43センチオーバーのタッチ。カップの左右をかすめた場合でもカップに向かう重力が推進力より勝るため、カップインしやすいということ。カップの周囲の凸凹にも強いといわれる

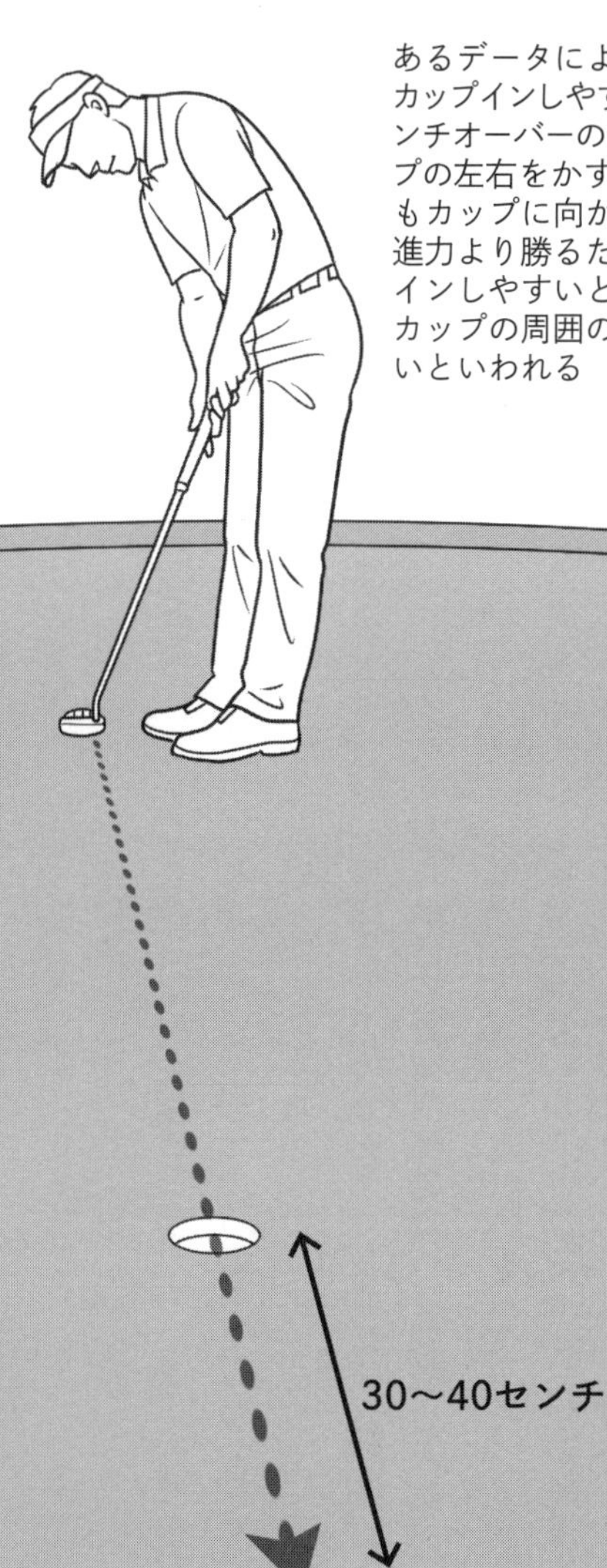

パットのポイント

56 ミドルパット

ミドルパット以下はカップを狙う

30〜40センチオーバーのタッチを出すためにおすすめの方法を紹介しましょう。

すでに述べましたが、特に**ロングパットではターゲットを見て素振りをするのが効果的です。**目印でもカップでもいいですが、目線をそこに向けたまま数回素振りをし、ストロークでそれを再現するだけです。

ミドルパットはカップを狙いますが、入れようとしないこと。入りそうな気がする距離なので入れたくなりますが、プロでもカップインする確率は3割あるかないか。大半は考えているよりずっと難しいので外れても仕方がありません。

逆にそんなつもりで打てばリラックスできて入る可能性が高まるかもしれないし、切れても30〜40センチオーバーのタッチで打てれば返しでストレスがかかりません。

ショートパットもカップ狙い。こちらは入れたいのでカップ奥のカベを意識します。手前から「コロン」のタッチでなく、どちらかといえば奥に「トン！」に近いタッチです。注意するのは下りのライン。カベ狙いは変わりませんが、強く入ると大きくオーバーする可能性があります。

入れようとせずにカップを狙う

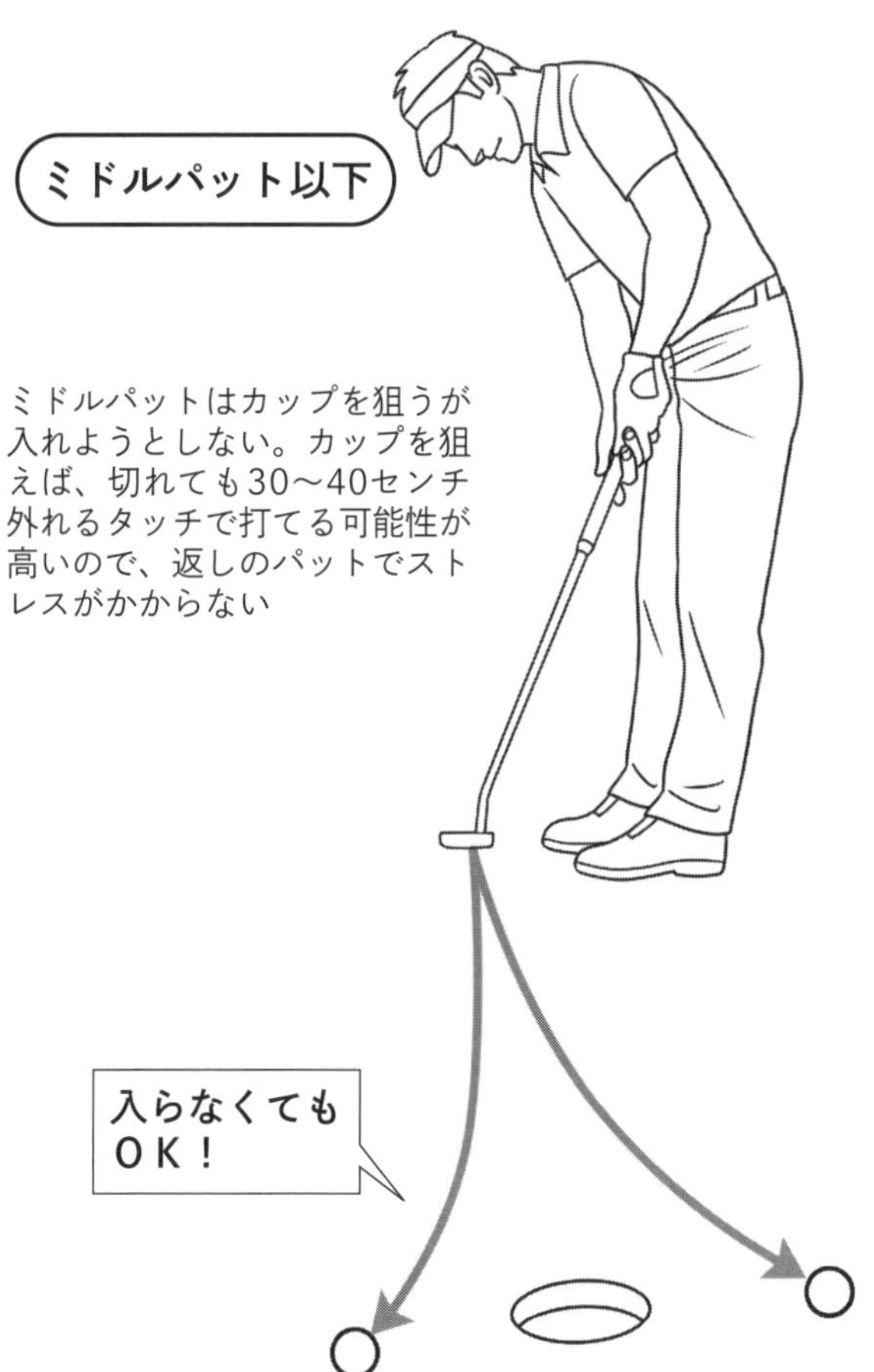

パットのポイント

57 カップの入り口

タッチによってカップの入り口は変わる

いうまでもなく、カップは直径10・8センチの円形です。極端な話、360度すべてから入る可能性があるのでカップの入り口はかなり広いといえますが、入り口を広く使えるか狭くなるかはタッチ次第です。

カップまで真っすぐなラインの場合、入り口はカップの幅。厳密にいえばボールの半分以上がカップにかかるとほぼ入ります。しかし、強めのタッチだとカップ際に打った場合に真っすぐ抜けるリスクが高まります。

スライスラインは、おおむねカップの左半分が入り口で、強めのタッチだと左手前4分の1径ほどに入り口が狭まる可能性があります。フックラインはこの逆。タッチ次第でカップの右半分から右手前4分の1径が入り口になります。

つまり、**強めのタッチだとショートする確率は下がりますが、カップの入り口は狭くなる。ジャストタッチだとショートすることもありますが、入り口を広く使えます。**

プロがジャストタッチで打ちたがるのはこのため。アマチュアも同じで、**カップインおよび2パットの確率を高めたいなら入り口の広いジャストタッチです。**

入り口を広くするか狭くするかはタッチ次第

ジャストタッチ

たとえばフックラインなら、おおむねカップの右半分が入り口。ジャストタッチはショートもあるが入り口を比較的広く使える

強めのタッチ

強めのタッチだと左手前４分の１径ほどに入り口が狭まる可能性がある。強めのタッチだと、ショートする確率は下がるものの入り口は狭くなる

パットのポイント

58

ナイスパットのコツ

準備ができたらすぐに打つ

歩測して距離を測る。ラインを読んでボールスピードをイメージする。素振りをしてタッチを出す。というのがパットを打つまでの流れになります。

順番やメニューはこの通りではないかもしれませんが、プロは例外なく毎回このルーティンを消化しています。

自分のリズムで打つにはストロークに入るはるか前から準備をしておかねばならないということです。

タッチを養うには人のパットも大いに役立ちます。ラウンドしていると、人が打った瞬間にショートしたかオーバーしたかがわかることがあると思います。

客観的に見るとわかるのに、自分のことになるとわからないのはおかしな話です。

人のパットを自分のパットに反映するには、1打でも多く人のパットを見ること。自分と同じラインしか見ていなければ、できるだけ全員のパットを観察しましょう。

準備をしてから打つまでの〝間〟も重要です。

とりわけ素振りをしてから時間が空くとタッチに反映できません。人間の筋肉が予行演習の動きを記憶しておけるのは8秒あまりといわれていますから、**準備ができたらためらわずストロークに移ることが大事なのです。**

第5章
イメージ通りのボールが出る狙い方と打ち方

パットのポイント

59

インパクト

フェースの芯でボールをとらえる

寄ればOK、入れば最高なのがパット。打ち方にも決まりはありませんが、いいパットが続かないとスコアアップは望めません。

打ち方にも、そうするために必要とされる条件がいくつかあります。そこでこの章では、いいパットが打てるようになる実戦的なテクニックを紹介していきます。

パット巧者のプロがまず口にするのは「フェースの芯でボールを打つ」です。打ったボールが左右に切れるのはグリーンのせい。そのためパットは真っすぐしか打ちませんが、芯で打てるとボールにきれいな順回転がかかるため真っすぐ転がります。

トゥ側やヒール側で打つと斜めの回転が入ってボールがヨレる。グリーン面の抵抗も多くなって真っすぐ転がりません。ボール1個逸れたら入らない世界でこれは致命傷です。

また、芯で打つとよく転がるので振り幅は小さくてすみます。そのぶんミスヒットが減りパットの安定感がアップします。

プロの中にはフェースの芯のみならず、ボールの芯も意識し、双方の芯をぶつけるイメージで打つ人もいます。〝最後の一転がり〟は芯で打ってこそと心得ましょう。

芯で打つとボールにきれいな順回転がかかり真っすぐ転がる

トゥやヒール側で打つとボールに斜めの回転がかかってヨレ、グリーン面の抵抗も受けやすくなる。芯で打つとよく転がるので振り幅も小さくてすむ。小さい動きならミスが減って安定感が増す

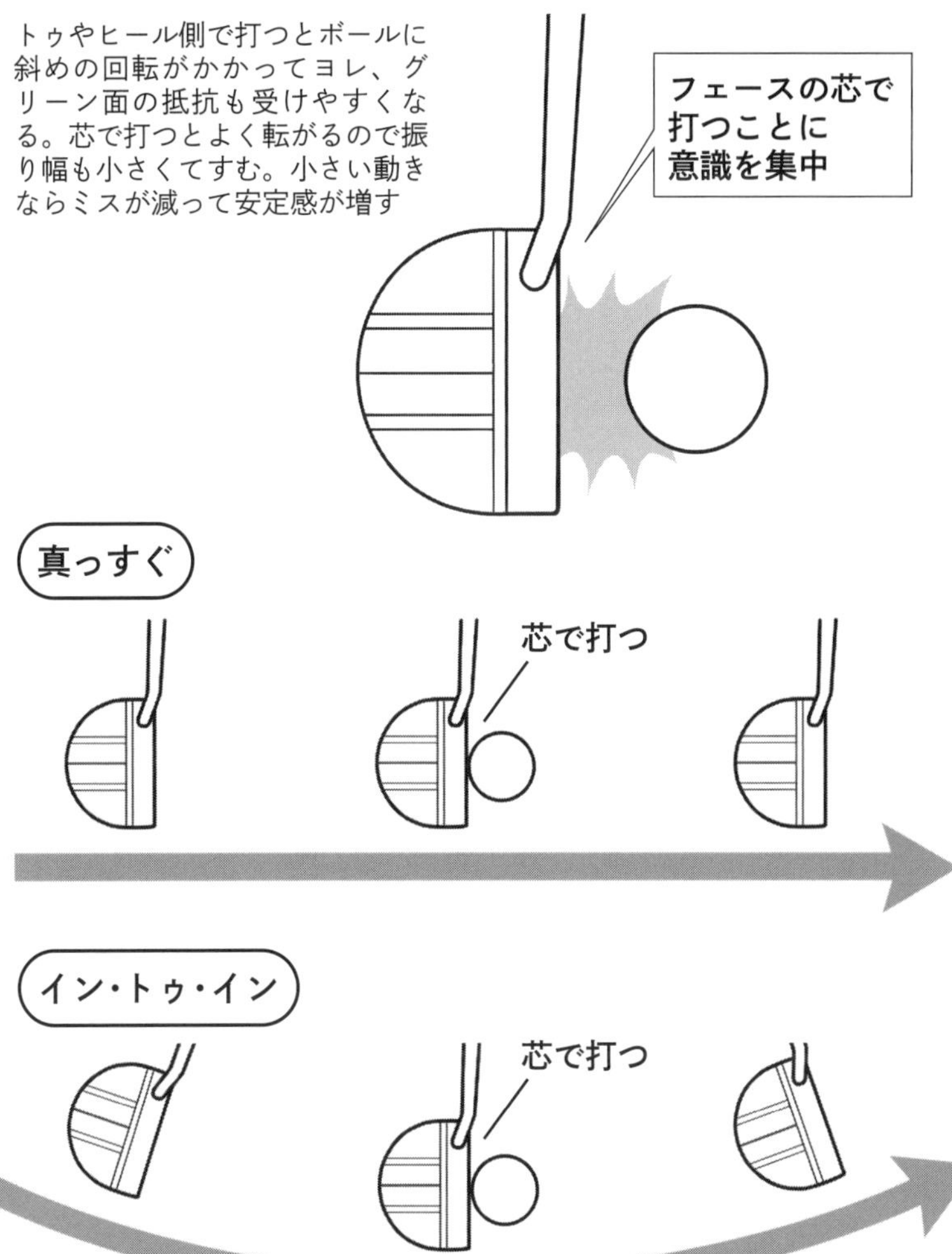

芯に当たりさえすれば軌道は真っすぐでもイン・トゥ・インでも構わない

パットのポイント

60 ストローク

肩から先の振り子運動で打つ

固定されていれば支点はどこでもいいですが、振り子のように動くのは肩から先。ショットのように手首を支点にした振り子運動の併用はありません。手首を支点にした振り子でも打てますが、そこを主体に打つプレーヤーは少ないのが現状です。

というわけで、パットは肩から先の動きがメイン。パターにライ角があるぶんアドレスで前傾していますから、正面から見ると肩が上下動する。すなわちバックスイングで右肩が上がり、フォローで左肩が上がるショルダーストロークがオーソドックスです。

打ち方に決まりのないパットですが、動きが小さいぶんショットほどの個性はなく、一般的にストロークはシンプルな振り子運動とされています。

振り子の動力源は位置エネルギーです。バックスイングで高いところに上がったパターヘッドが、重力によって落下する際に生じる運動エネルギーを利用してボールを弾きます。

正確な振り子運動には支点が欠かせません。多くのゴルファーは首の付け根や喉元、あるいは頭などを支点と考えてヘッドを振り子のように動かします。

正確な振り子運動には支点が欠かせない

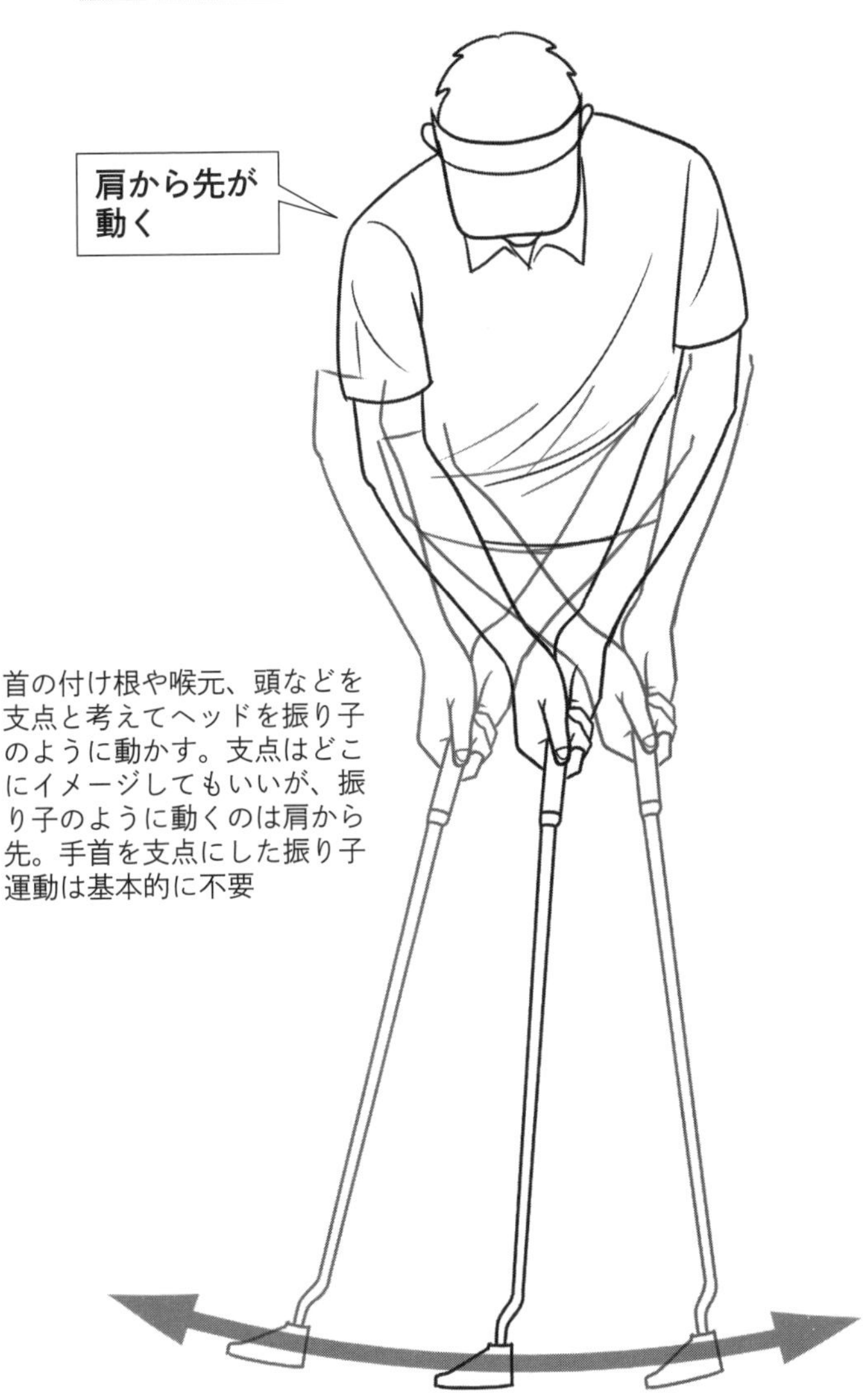

首の付け根や喉元、頭などを支点と考えてヘッドを振り子のように動かす。支点はどこにイメージしてもいいが、振り子のように動くのは肩から先。手首を支点にした振り子運動は基本的に不要

パットのポイント

61

ストローク

「大きな筋肉で打つ」ってどういうこと？

「パットは大きな筋肉を使って打つ」といわれます。昔はこんなことをいうプレーヤーは一人もいませんでしたが、今世紀に入ってあっという間に常識になりました。

大きな筋肉といっても意図的に下半身を使うことはありませんから、上半身の大きな筋肉を使うということ。

大きさからすれば三角筋、大胸筋、広背筋といった感じですが、これらを積極的に動かしているわけではありません。

どちらかといえばイメージ先行で、**手首の使用を抑えるために背中やお腹の大きな筋肉を使う意識でストロークする**、といったニュアンスです。

確かにこの手法は効果的で、腹筋や背筋を使う意識で動くと肩から先の振り子運動が実行しやすくなります。両ワキをしめることで、これまた大きな筋肉の上腕三頭筋も連動しますからストロークがより安定します。

なによりプレッシャーのかかったパットで手が動かなくなることがありません。肝心な場面でパンチが入ったり、打ち切れない人にはメリットが大きいので特におすすめ。腹筋や背筋を使うイメージで打てば〇Kです。

上半身の大きな筋肉を使ってストローク

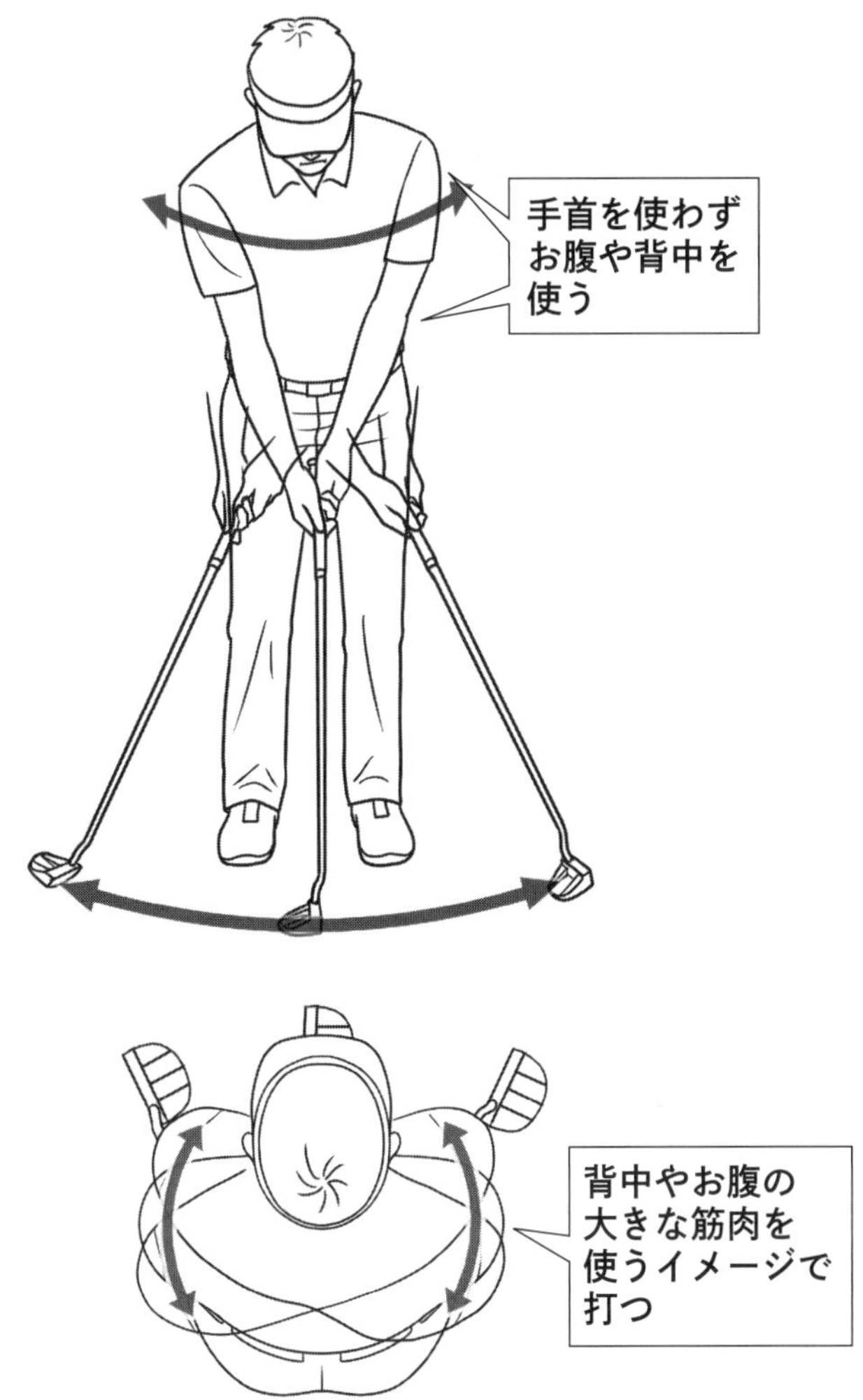

「大きな筋肉を使う」とは、手首の使用を抑えるために背中やお腹の大きな筋肉を使う意識でストロークするというニュアンス。腹筋や背筋を使う意識をもつと、肩から先の振り子運動が実行しやすい。両ワキをしめれば上腕三頭筋も連動してストロークがより安定する

パットのポイント

62

ストローク

手首の角度は変えないのが基本

パットを振り子運動と考えた場合、肩から先が動いてヘッドが左右に振れます。**ショットのようにボールを遠くに飛ばす必要がないので文字通り手首は使わない。**基本、手首が支点の振り子運動は無用です。

手首を使うとどうなるか？　最も起こりやすいのはインパクトロフトが大きくなることです。いわゆるフリップという動作で、インパクト前後で左手が甲側に折れます。これによりフェースが上を向く形になってロフトが大きくなる。ボールが跳ねたり、タイミングによってはトップすることもあります。

フリップ動作が入る場合、多くはテークバックでも手首を使っており、右手が甲側に折れる形になっています。無意識下でそうなっているアマチュアが多いので、動画を撮るなどしてストロークをチェックしましょう。

フェースの開閉が過剰になるパターンもありますが、これは前腕を回すことで起こるミスで、バックスイングで左手の甲、フォローで右手の甲が正面を向く格好になります。

これらを防ぐにはパームグリップで持ち、右手、左手、あるいは両方の手首の角度を終始変えないようにストロークします。

手首が支点の振り子運動は基本的には使わない

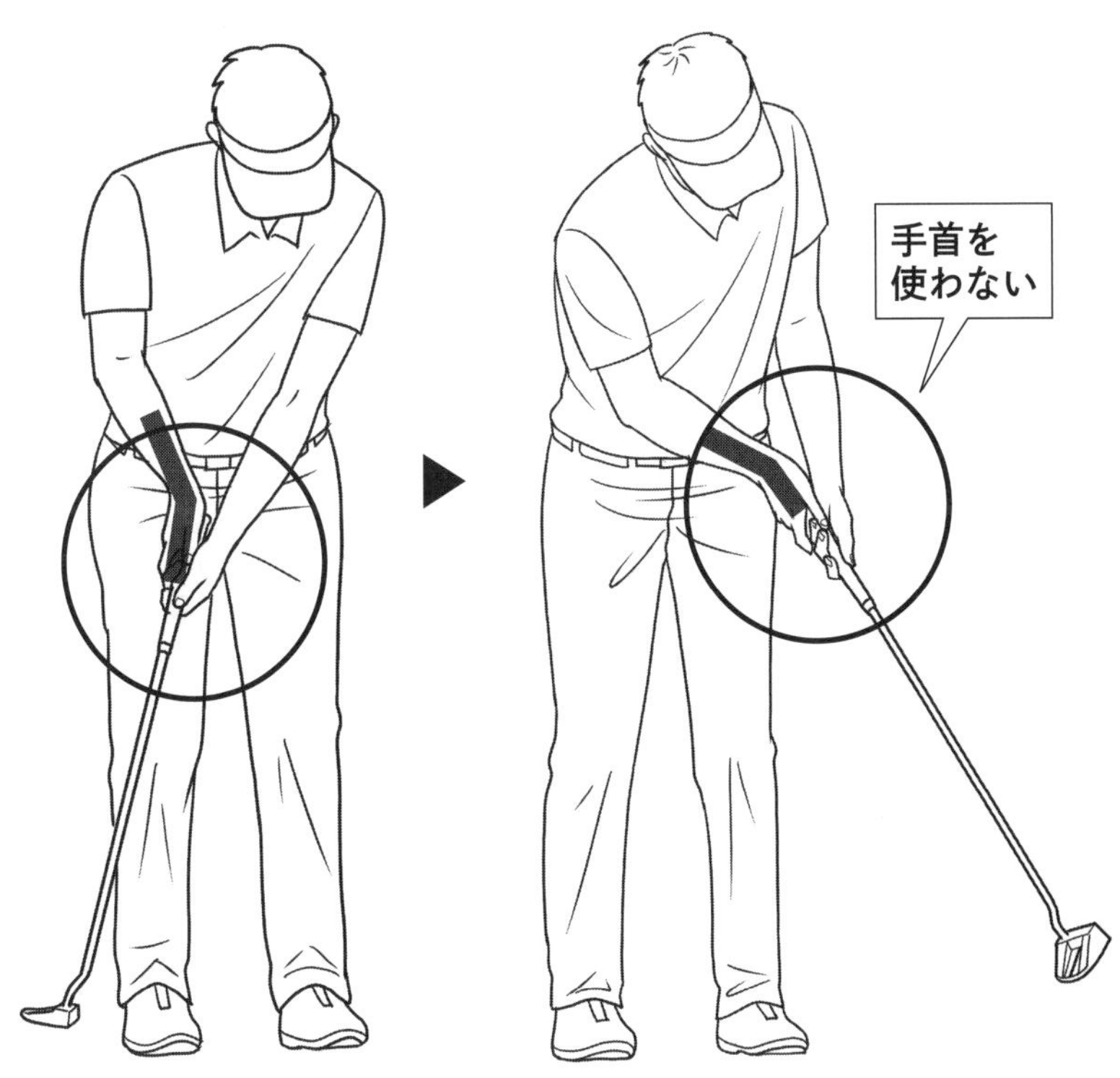

手首を使うと、インパクトロフトが大きくなりやすい。インパクト前後で左手が甲側に折れてフェースが上を向くからだ。多くはテークバックでも右手が甲側に折れているので、自分のストロークをチェックすること

パットのポイント

63 インパクト

「パチン！」と打つか「押すように」打つか

パットは「パチン！」と打つタイプと「押すように」打つタイプに分かれます。

「パチン！」と打つタイプはインパクトの強さでタッチを出します。 ロングパットでは振り幅が大きく、ショートパットは小さくなりますが、いずれもボールにフェースをしっかりコンタクトさせるので打音が大きめ。インパクトの手応えもあります

「押すように」打つタイプは振り幅、もしくはフォローの大きさでタッチを出します。 インパクトを意識せず、ストロークの途中でボールをとらえるイメージで打つ人はこちら。

インパクト音は比較的小さめ、ショートパットは手応えもあまりないでしょう。

感覚派が多いプロは「パチン！」と打つタイプが圧倒的。 ルール上、ボールを押し出してはいけないため、それを考慮してのことかもしれませんが、やはりインパクトの感覚がタッチを出す一番の拠り所なのです。

ただ、テークバックせずに押すパットが禁じられているということは、それが入りやすいからともいえます。ならばその感覚で打つのもあり。ショートパットや下りで打ちすぎる人は押すようにするとオーバーを防げます。

インパクトの強さでタッチを出すか
ヘッドの運び方でタッチを出すか

「パチン！」と打つ

「パチン！」と打つタイプはボールにフェースをしっかりコンタクトさせる。打音が大きめでインパクトの手応えもある

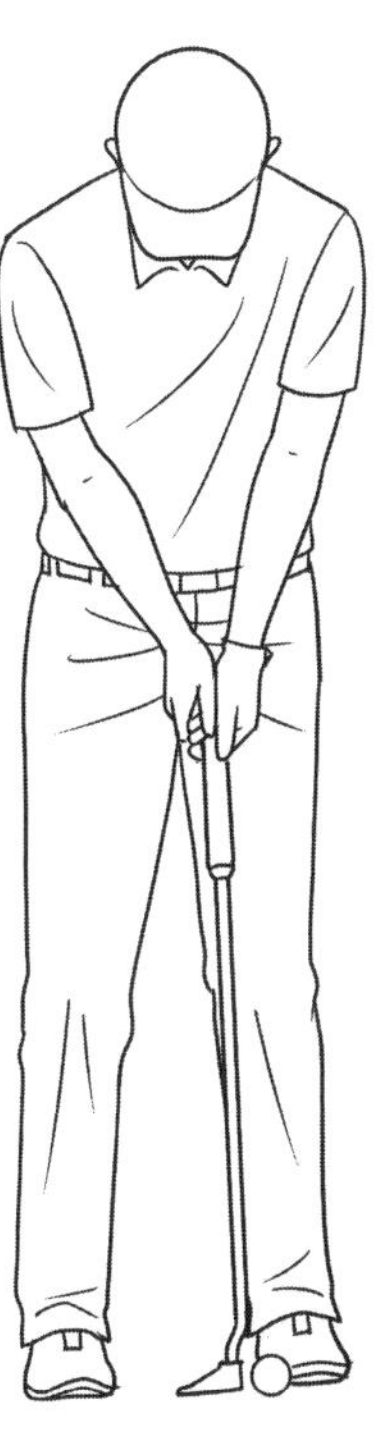

「押すように」打つ

「押すように」打つタイプは振り幅、あるいはフォローの大きさでタッチを出す。ストロークの途中でボールをとらえるイメージで打つ人に向く

ヘッドの軌道

ヘッドは真っすぐ引いて真っすぐ出す

ストロークにおけるパターの動かし方については諸説ありますが、胸を正面に向けたまま打たない限り、パターヘッドはイン・トゥ・イン軌道を描きます。バックスイングとフォローでインサイドに動くわけです。

胸が正面を向いたままだとヘッドは真っすぐ動きます。小さな振り幅で打つと誰もがこうなりますが、振り幅が大きくなっても真っすぐ動く人は、手が体の前を平行移動しています。間違いではありませんが、ロングパットが打ちづらいという弱点があります。

パットが最も安定するのは両ワキをしめて体を使ってストロークする方法ですが、この場合、ヘッドは自然とイン・トゥ・インに動きます。ですから、あえてイン・トゥ・インを意識する必要はありません。インに引いてインに出す、などと考えると手先で打つことになりかねないからです。

ヘッドを意識するのであればインパクト前後だけ。しかも〝真っすぐ引いて真っすぐ出す〟でいい。そうすればヘッドは勝手にイン・トゥ・インに動くはずです。また、ヘッドの種類によっても動き方が変わるので、ヘッドによる特性も生かせます。

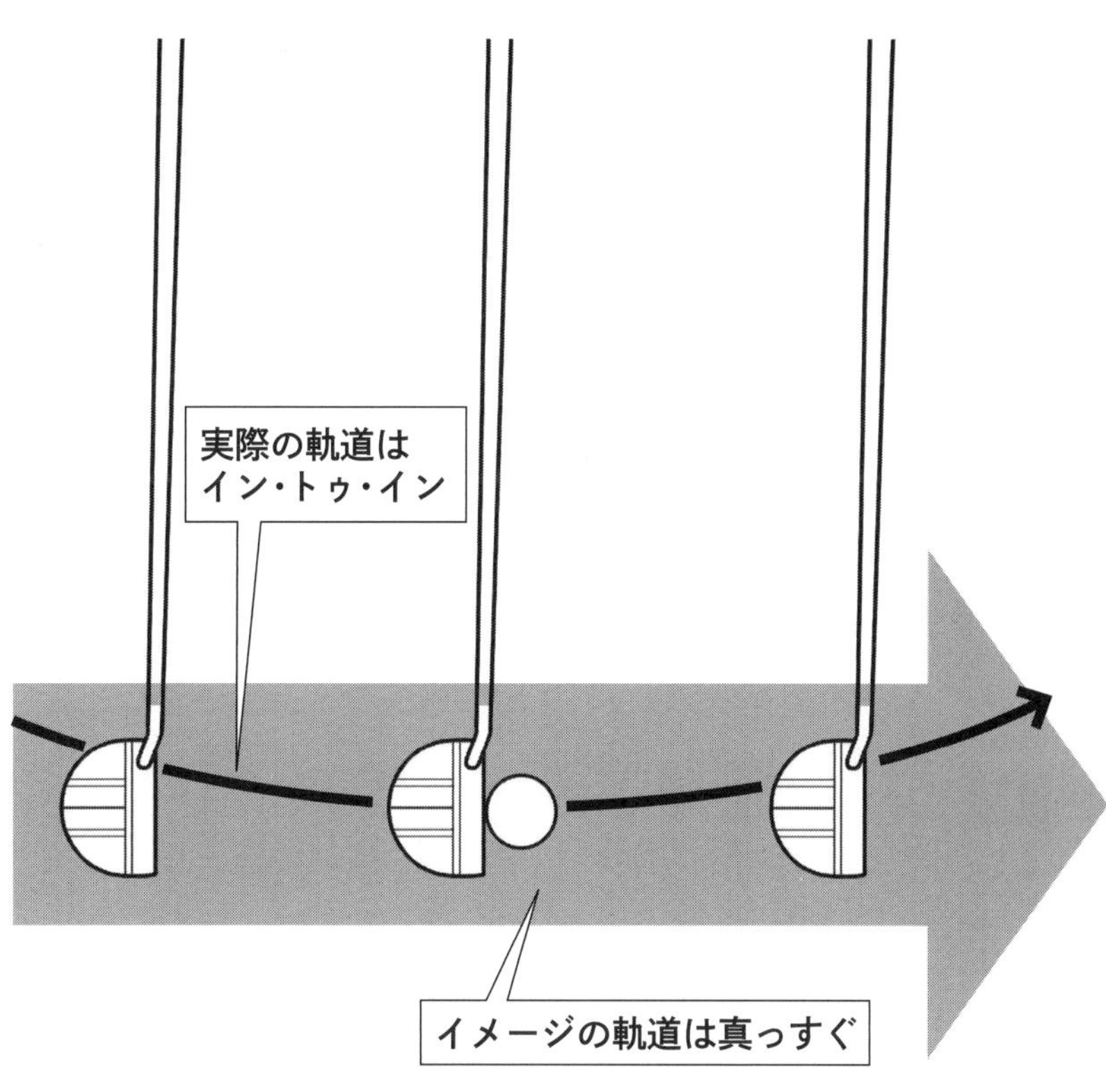

正しくストロークできると、ライ角がある関係でヘッドは自然とイン・トゥ・インに動く。つまり、基本的にはヘッドを真っすぐ引いて真っすぐ出せば、ヘッドはイン・トゥ・インに動く。ヘッドの種類によっても動き方が変わる

ショートパット

ショートパットはとことん頭を残す

ショートパットの外し方として多いのは、カップの左右に抜けてしまうケースと、打ち切れずにショートするパターン。ピンを刺したまま打つことが多くなった今は、真ん中から旗竿にぶつければ入るので、あからさまなオーバーは減っているようです。

左右に抜ける主因はヘッドアップ。打つが早いか結果が気になってボールを追うことで、体も早く起きてフェースが左を向きます。また、カップが近いからと手先で打つと、フェースの開閉が入って真っすぐ転がらずカップを外れることもあります。

これらのミスヒットを防ぐには、打ち終わるまで絶対に頭を上げず、ボールがあったところを見続けること。「左耳でカップインの音を聞く」などといわれますが、とにかくボールを追わないことです。こうすればフェースの開閉も使わないので、アドレス時のフェースの向きが間違っていない限りボールはカップに向かいます。

ショートを防ぐにはカップの先30センチのところに仮想のカップをイメージし、そこを狙います。強めに打つことになるので、切れる場合はラインを薄めに読みましょう。

パットがカップの左右に抜ける主因はヘッドアップ

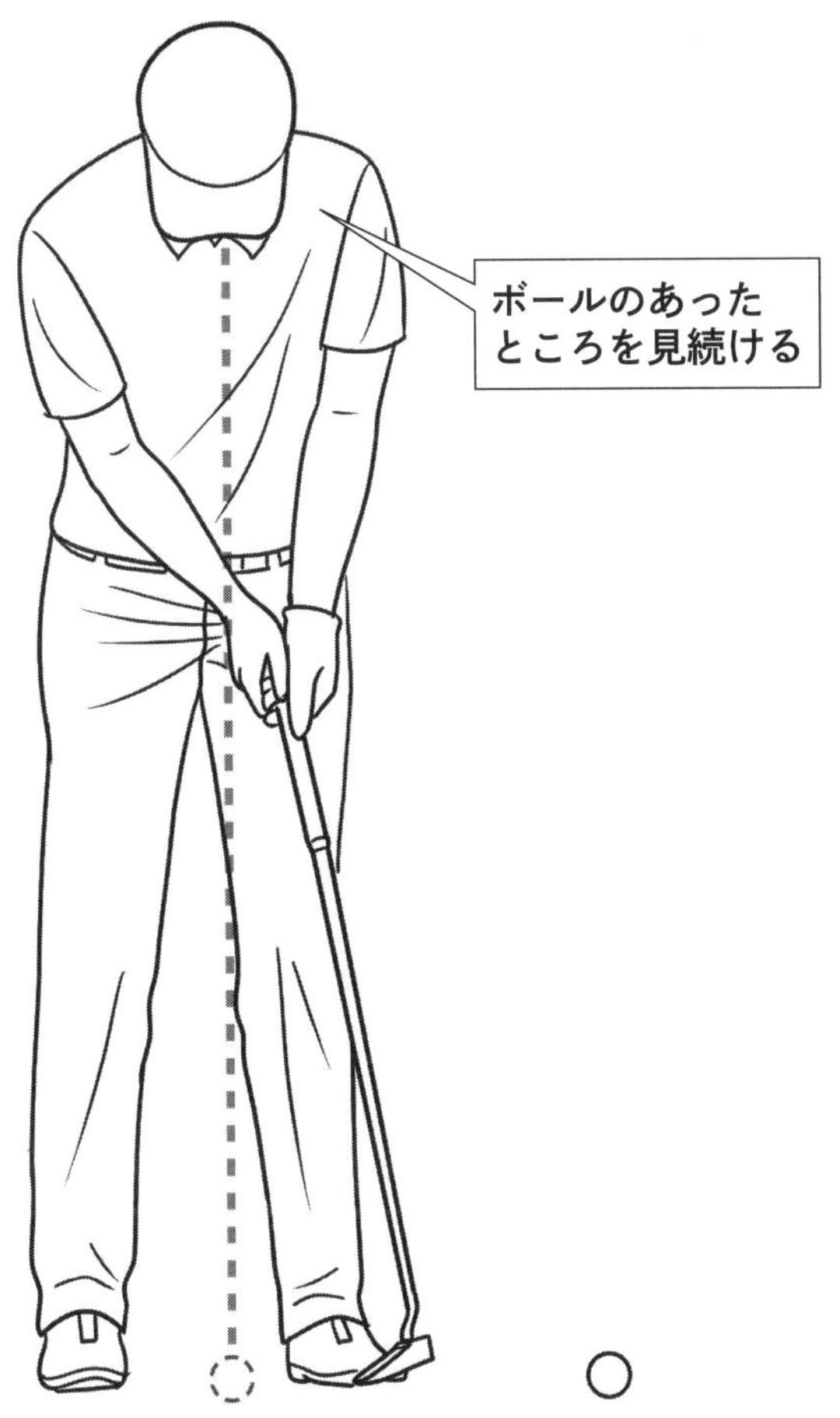

体が早く起きてフェースが左を向いたり、手先で打ってフェースの開閉が入ると真っすぐ転がらない。これらを防ぐには、打ち終わるまで頭を上げずボールがあったところを見続ける

パットのポイント

66

ショートパット

フィニッシュでヘッドをカップに重ねる

ショートパットでは、アドレスしたときにカップが視野に入るケースがあります。この場合もカップが気になってストロークを乱しがちなので注意が必要です。

真っすぐなラインを確実に沈めるには、フォローでヘッドをカップに重ねること。カップの方向にヘッドを出せば、カップに対してスクエアにインパクトできるのでまず入ります。フォローでボールを押した流れでヘッドをカップに重ねる感じです。

カップが視野に入るくらいの距離だと大抵は大きく切れないので、カップを外して打つケースは少ないですが、その場合は狙った方向にヘッドを出してカップの一部と重ねることになります。

たとえばカップの内側を狙ったスライスラインなら、フェースのセンターをカップの左の縁に重ねる感じになります。

左右に切れるラインでカップが見えているとカップの方向に打ちやすいので、アドレスでフェースを向けた方向にしっかり打ち出しましょう。左右に仮想のカップを設け、そのカップにヘッドを重ねるイメージで打ってもOKです。

アドレスでカップが視野に入るケースでは必ず実行！

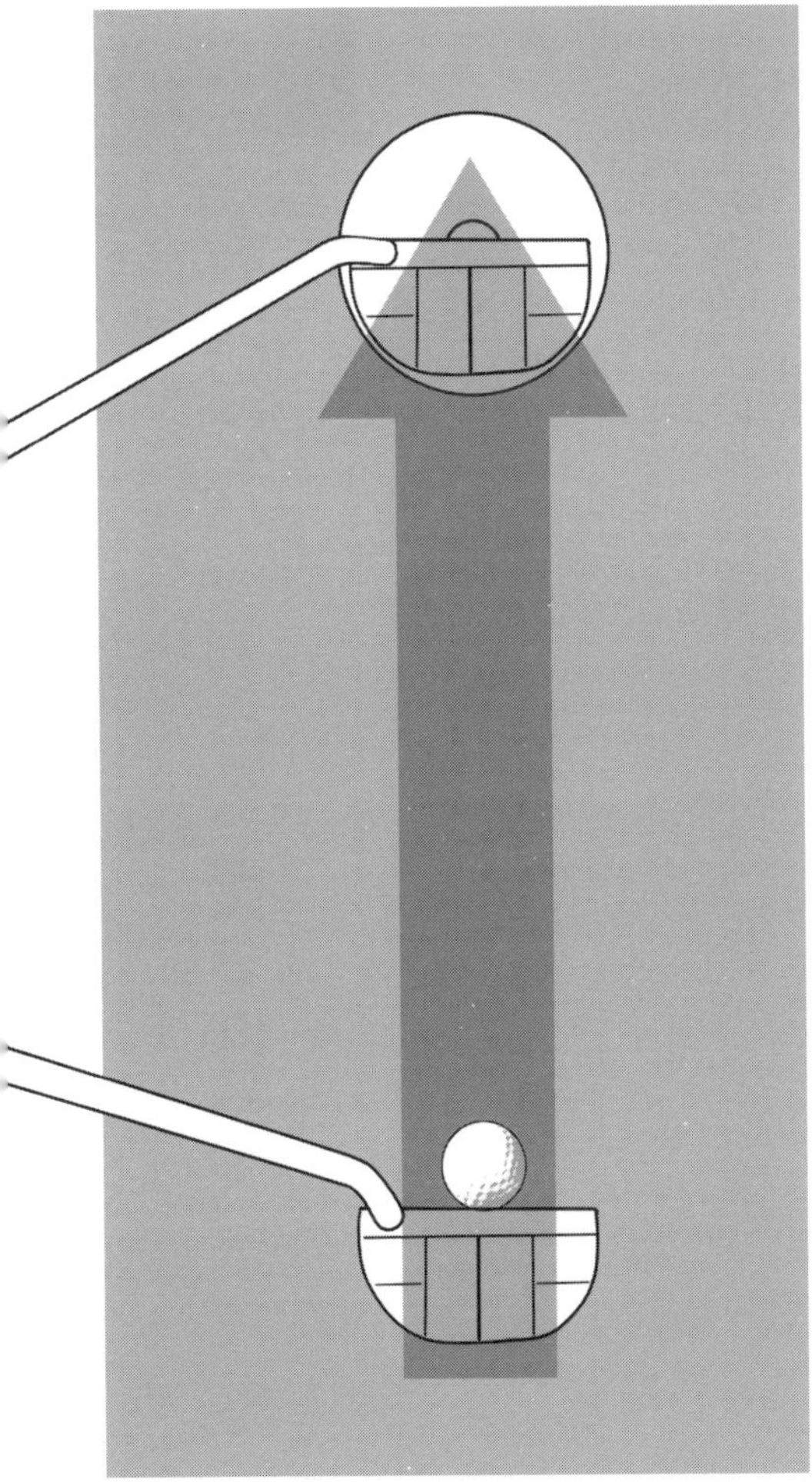

フォローでボールを押した流れでヘッドをカップに重ねよう

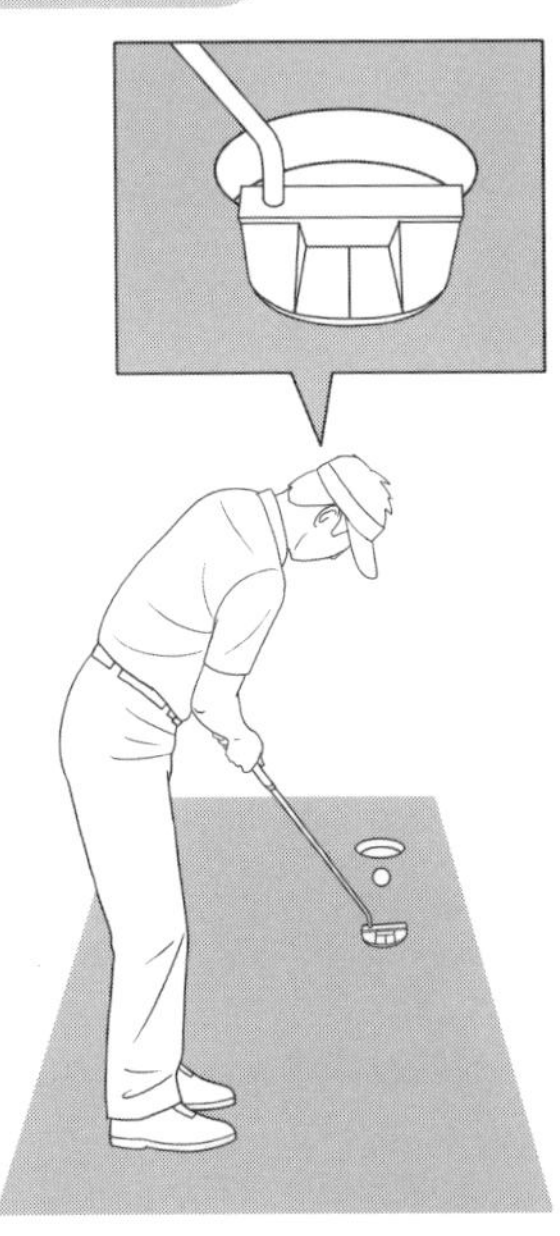

アドレスでカップが視野に入るくらいのショートパットでは、カップの方向にヘッドを出せばカップに対してスクエアにインパクトできるのでまず入る

パットのポイント

67

ショートパット

「お先に」パットの要領で打つ

アドレスでカップが視野に入るショートパットでは、フォローでヘッドを重ねると紹介しましたが、「パチン!」とインパクトするタイプの人はやりづらいかもしれません。

そんな人は**ボールとカップの間に目印を見つけてスパットにし、そこに出球を通すことに集中しましょう。**

真っすぐなラインならスパットの延長線上にカップがありますから30センチオーバーのタッチでスパットを通せば高い確率で入ります。

左右に切れるラインでは、カップの左右にズラしたスパット上を通しますが、よほど切れるラインでない限り、カップを外した位置にスパットを設定することはありません。「パチン!」のタイプは、基本しっかり打つタイプなのでなおさらです。

イメージとしては「お先に」のパット。20〜30センチから「お先に」をするとき、多くのゴルファーはフェースをボールに「パチン!」と当てて沈めますが、この場合のカップがスパットに代わっただけ。同じ要領でボールをヒットすれば、狙ったところを通してカップに到達させることができます。

ラインが真っすぐなら目印の延長線上にカップがある。また、よほど切れるラインでなければ、カップを外した位置に目印を設定しない。20～30センチの距離から「お先に」で目印を通すイメージで「パチン！」と当てれば、ショートパットは入る

パットのポイント

68

ロングパット

ロングパットでは頭を残しすぎない

距離感よりも方向性が大事なショートパッ トでは、ヘッドアップしないよう頭を残したまま打つのがポイントですが、ロングパットはこの限りではありません。

やってみるとわかりますが、頭を残したままで長い距離を打とうとするとフォローでストロークが窮屈になります。頭を止めることで体の動きが抑制されるのです。ですから無理に頭を残す必要はありません。

とはいえヘッドアップすると体が起きることはロングパットでも同じ。方向性が狂ったり、タッチにも影響するので、最低限インパクトまでは頭を残しておく。あるいは頭を上げず目線だけでボールを追います。**転がるボールを上から見ず、後ろから追うように見ましょう。**ショットでも起き上がるとミスになりますが、それと同じです。

また、ロングパットだからと一生懸命打とうとするほどリズムが早くなり、ヘッドアップや当たり損ねを招くので、**いつもよりゆっくりストロークするイメージが有効。**さらに、大きく振るとテークバックで軸ブレすることもあるので、テークバック時も頭を動かさないようにしましょう。

ロングパットで頭を残すと、体の動きが抑制されるので無理に残さないが、ヘッドアップはミスの原因になるので最低限インパクトまでは頭を残しておき、体が起きないよう前傾をキープしたままボールを追うように見送る

パットのポイント

69

超ロングパット

手首のスナップを併用する

日本に多い2グリーンのゴルフ場ではあまりありませんが、比較的新しいワングリーンのゴルフ場の中にはグリーンがかなり大きなところがあり、そんなところでは30ヤード級の超ロングパットを打たされることがあります。

ゴルファーによっても違いますが、肩から先の振り子運動、いわゆるショルダーストロークで打つ場合、あまりに長い距離のパットだとフルに振っても届かないケースが考えられます。

そんなときは**手首のロックを解除し、ある程度手首を使って打ちます。**ショットのように大きくは振りませんが、肩から先の振り子運動と、手首を支点としてヘッドが動く振り子運動をミックスして打つわけです。

その場合、しっかりグリップしている人は、緩めに握りましょう。これだけでも手首が動きやすくなるので、振り幅が大きくなったときに連動できます。

ただし、いきなりやってもうまくいかないので練習しておくこと。ショルダーストロークの最大距離を把握し、それ以上の超ロングパットになったときに使いましょう。

手首のロックを解除し、ある程度手首を使って打つ

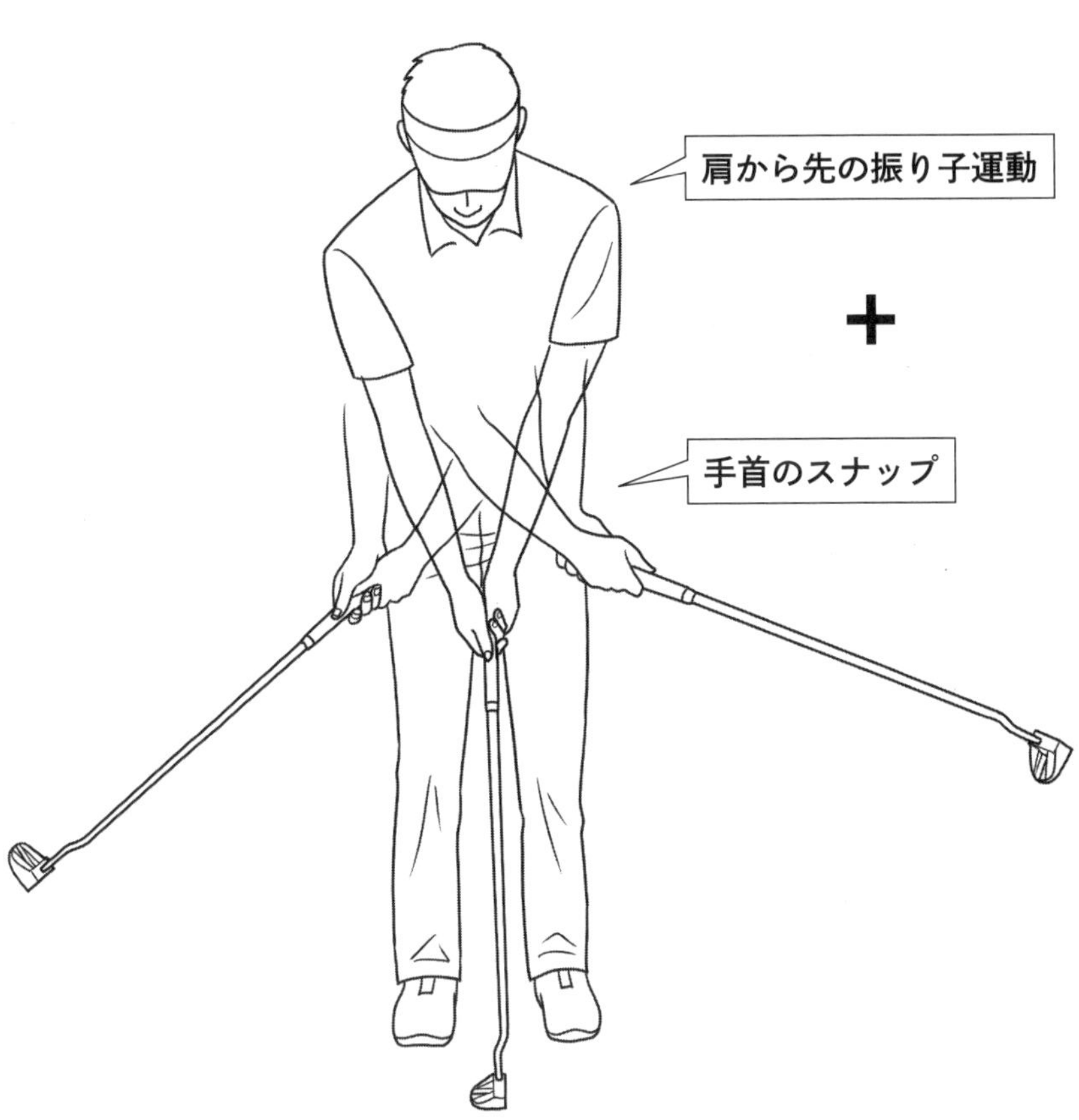

超ロングパットではショットのように大きく振らないものの、肩から先の振り子運動と手首を支点としてヘッドが動く振り子運動を併用する。グリップを緩めに握って、手首を柔らかく使うイメージでストロークする

パットのポイント 70 ロングパット

エッジでボールの赤道を打つとよく転がる

パットはフェースの芯で打つのが基本ですが、それが一番よく転がるのかというと、必ずしもそうではありません。

フェースの芯やトゥ側、ヒール側、上め、下めで打ってそれぞれデータをとると、下めで打ったときが最も遠くまで転がったそうです。

厳密にいうとボールの赤道部分をパターのリーディングエッジ（歯）で打ったとき。

パターフェースにも2～4度のロフトが付いているので、インパクトの瞬間にバックスピンがかかり、わずかながらもボールが浮きます。落下すると順回転に転じて転がるわけですが、赤道部分を歯で打つとすぐさま順回転になるため、推進力がついてよく転がるということです。

アマチュアの場合、転がそうとするとハンドファーストに構え、フェースをかぶせて打つ傾向がありますが、これだとボールを押さえつける形になるので思ったほどは転がりません。

練習は必要ですが、ロングパットではヘッドを浮かせて構え、エッジで赤道をヒットできれば距離を稼げます。

芯で打つのが基本だが一番よく転がるわけではない

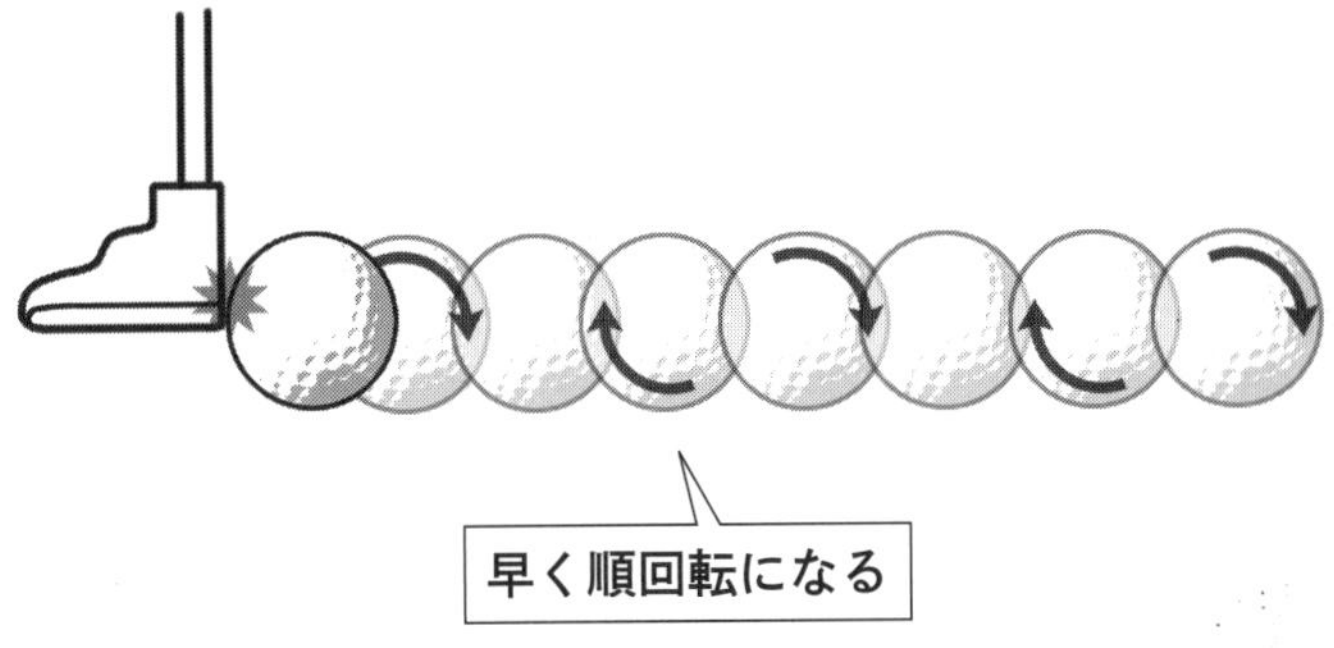

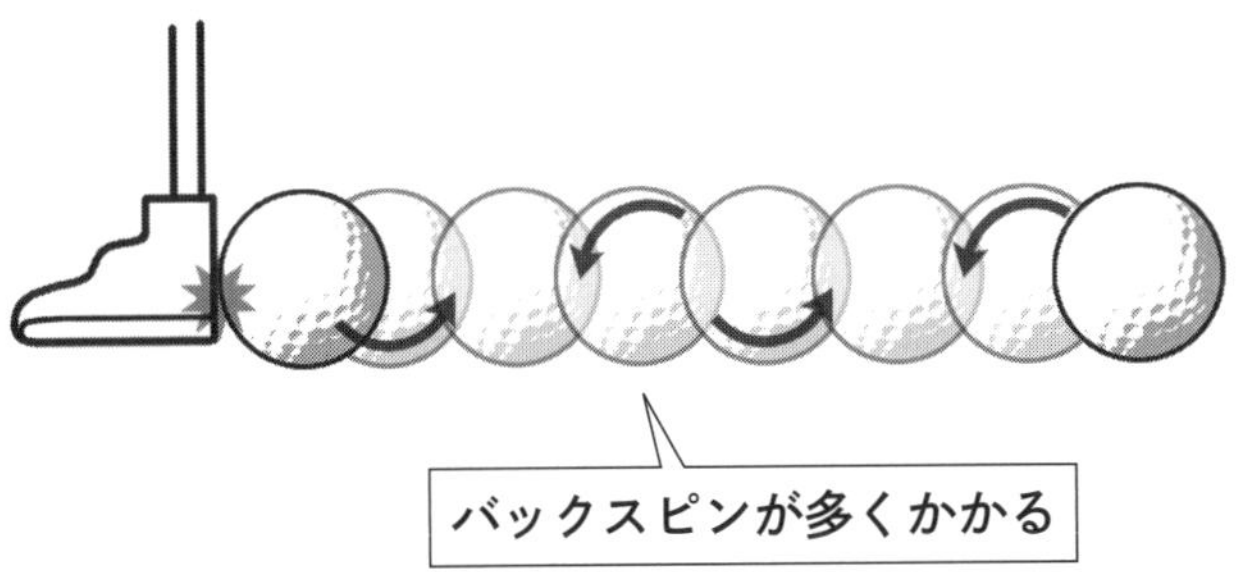

ボールの赤道部分をパターのリーディングエッジ（歯）で打ったときが一番よく転がる。こうするとロフトの影響を受けず、すぐさま順回転になるため推進力がついてよく転がるということだ

パットのポイント

71

ミドルパット

ミドルパットは結果的に入るパット

ショートパット、ロングパットとくればミドルパットの打ち方も気になるところですが、打ち方はロングパットと同じでタッチをコントロールするだけです。

第1章で紹介したとおり、アメリカPGAツアーでもミドルパットの決定率は30％に届くか届かないか。アマチュアが練習したところでさほど決定率が上がるわけではありません。**実際、プロもミドルは寄せにいくパットで、その延長上でカップインしている。多くは結果的に入っているのです。**

アマチュアの場合、どうせ入る確率が低いのならカップを狙うという考え方もあり。もちろんタッチを合わせるのが大前提ですが、カップを狙えば入らないまでも2パットで収まる可能性は高くなる。どう寄せればいいのかわからない状況では迷いも吹っ切れます。

得意なラインならミドルでも狙いにいっていいし、苦手なら寄せる。プロは統計的に後者のほうが結果がいいのでそうしているだけです。**大事なのは距離判断にしろ、打ち方にしろ、迷ったまま打たないこと。**どんなパットも決め打ちしないと、外れたときになにが悪かったのかわからないままになります。

ミドルは寄せにいった結果入るパット

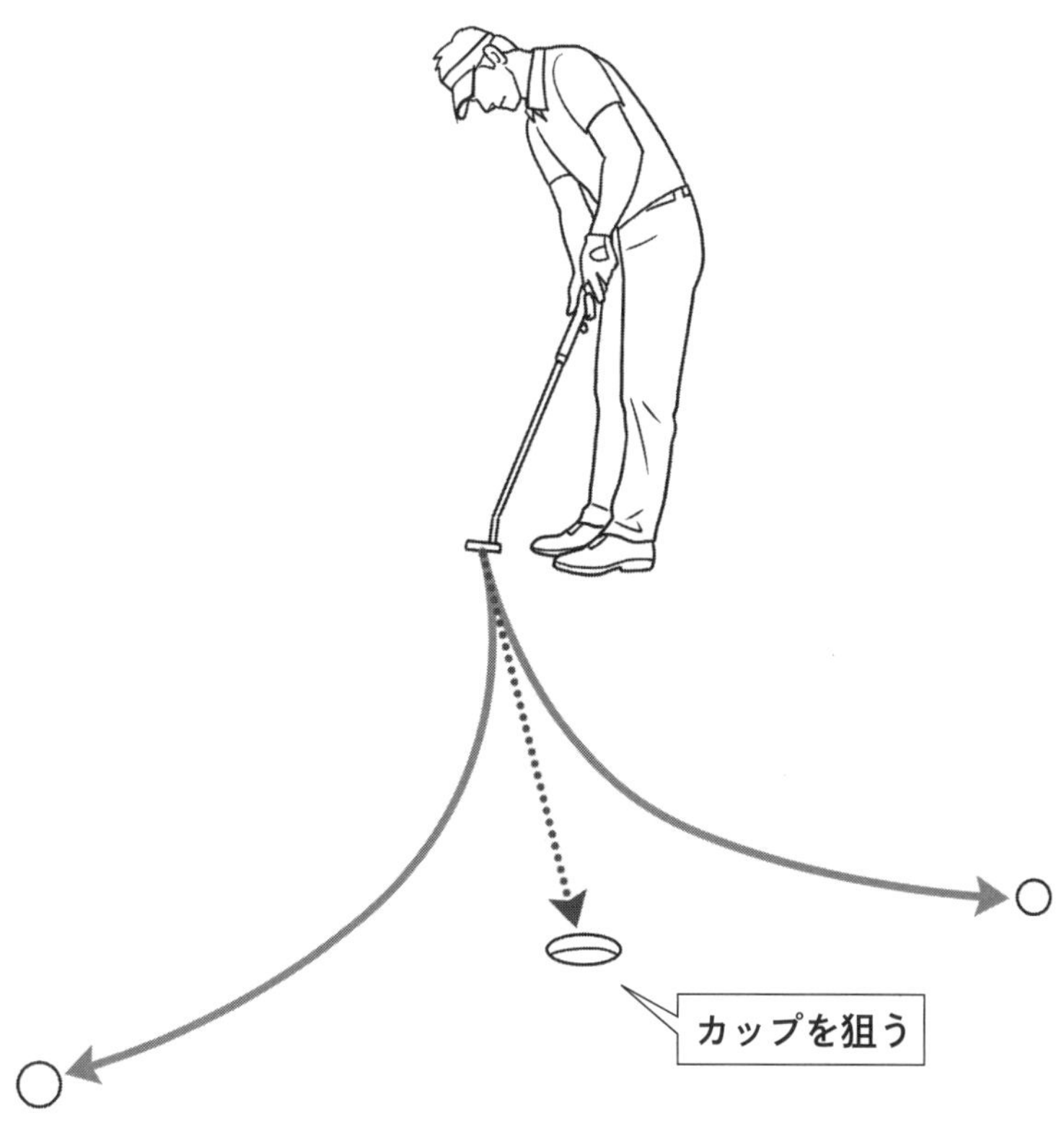

カップインの確率が低いならカップを狙うという考え方もあり。タッチを合わせる前提でカップを狙えば、入らないまでも2パットで収まる可能性は高い。状況によっては迷いも吹っ切れていいパットが打てる

パットのポイント

72

上りのパット

上りのパットにはテンポアップで対応する

上りのパットはカップの数十センチ先に仮想のカップを設け、そこに届かせるように打つのが常道ですが、つい強く入って大きくオーバーすることもあります。そうなると返しで下りのいやらしいパットが残るので、できれば避けたいパターンです。

こうなりがちな人は**ストロークのテンポを変えてみましょう。**簡単にいうと、上りがきついときほどテンポを上げて打つのです。

あるプロは、上りのパットを3段階に分けるそうです。すなわち1は「やや上り」。2は「普通の上り」。3を「急な上り」として、順にストロークのテンポをアップさせて打つというのです。

テンポアップとはストロークのスピードを上げること。上りがきついほど速く振るということになります。

気をつけるべきはリズムは変えずテンポを上げること。仮に「イーチ、ニーイ、サーン」とゆっくりめのリズムで振っていたら、「イチ、ニッ、サン」と間隔を詰めて速くストロークする。練習が必要ですが、慣れればすぐにできるようになります。ターゲットを変えるより簡単にできる人も多いでしょう。

上りの程度で段階的にテンポをアップさせて打つ

テンポアップ=ストロークのスピードを上げること。上りがきついほど速く振る。リズムは変えずテンポを上げるのがポイント。普段「イーチ、ニーイ、サーン」とゆっくりめのリズムで振っていたら、「イチ、ニッ、サン」と間隔を詰めて速く振る

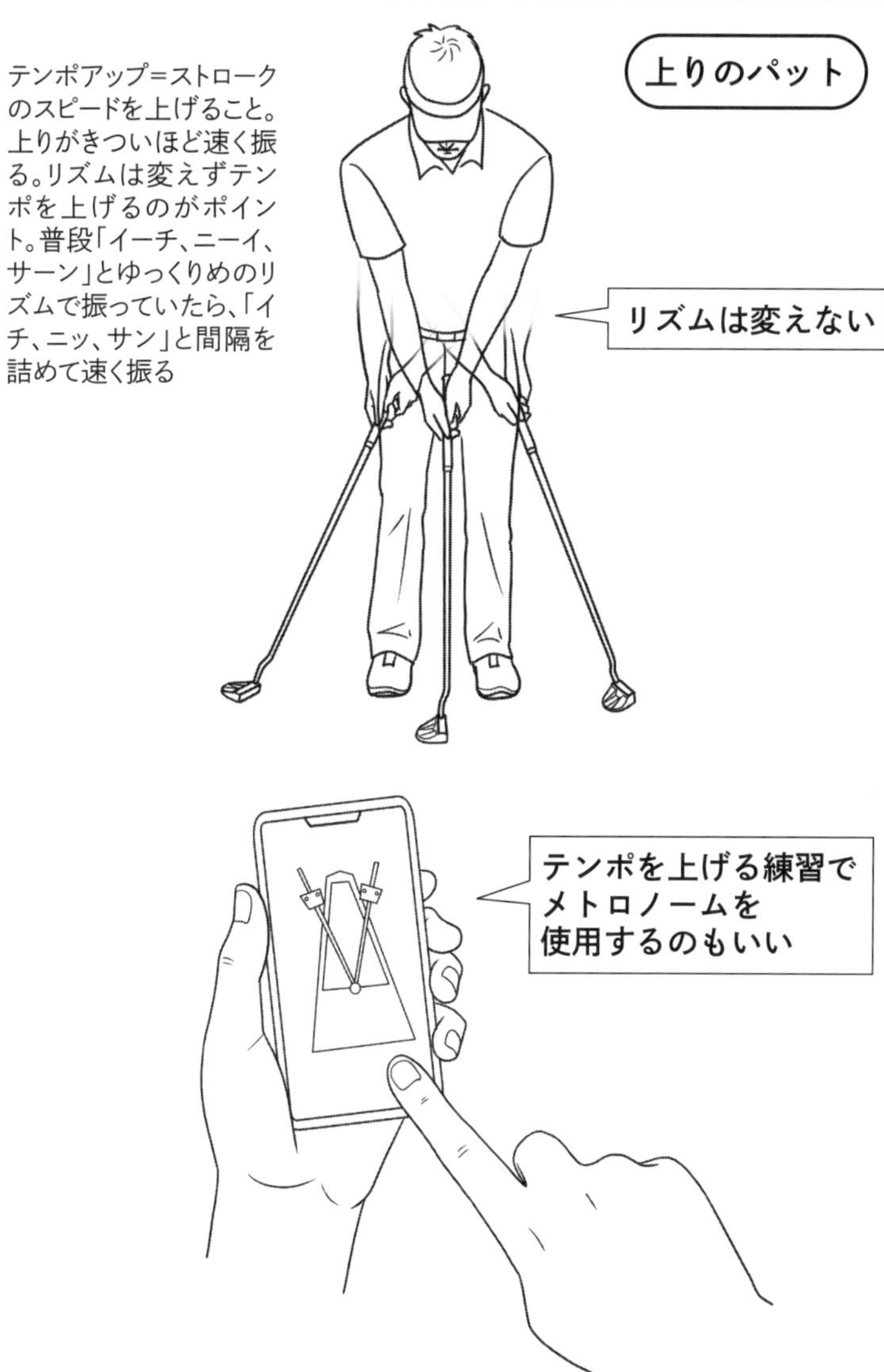

パットのポイント

73

下りのパット

下りのパットはフォローでタッチを出す

下りのパットはカップの手前に仮想のカップをイメージして打つのがよく取られる方法ですが、ストロークのテンポを下げることでも対応できます。**下りがきついときほどスローテンポでストロークするわけです。**

下りのミスの多くは打ちすぎです。ゆっくり振るほどインパクトはソフトになるので、それを利用して距離をコントロールする。振り幅でタッチを出すタイプだけでなく、「パチン!」と強めに打つ人にも向いています。

フォローの大きさを変える手もあります。**テークバックの大きさを小さくかつ一定にしておき、下りがきついほどフォローを小さくする。**フェースでボールを押し出すイメージで打つので、押すようにストロークするタイプに合っています。

いずれの打ち方もフォローでヘッドを低く出すのがポイント。ボールに対してヘッドがアッパーに入るとトップ気味に当たって転がりすぎます。

上りの打ち方で紹介したように、こちらも下り傾斜をレベル分けしておき、それに合わせてテンポやフォローの大きさをある程度決めておくと大オーバーを防げるでしょう。

下りがきついときほどスローテンポでストローク

ゆっくり振るほどインパクトはソフトになるので、それを利用して距離をコントロール。また、テークバックの大きさを一定にして下りがきついほどフォローを小さくしてもいい

パットのポイント

74

曲がるライン

ブレークポイントの手前に向かって真っすぐ打つ

曲がるラインではカップの方向にボールを打ち出せません。では、どこに打ち出せばいいのか？　よくいわれるのは「ここから曲がる」と思われるところ（ブレークポイント）ですが、これだとスライスラインで左、フックラインで右に抜けてしまうことがあります。

アマチュアはもっぱらラインの中間地点にブレークポイントを設定し、そこに真っすぐ打ち出します。つまりラインを半分消しているため、ブレークポイントより先で曲がっているのです。

これを防ぐには中間地点より手前に目標を設定し、そこまで真っすぐ打ち出さなければなりません。

この観点でプロのパットを見ると、**ボールとブレークポイントの中間地点、つまり、ラインの手前側4分の1の地点に向けて真っすぐ打ち出していました。**ボールはブレークポイントに向かうものの、球足が強すぎないので左右に抜けづらくなります。

ただし、大きく曲がらないラインの場合は別。基本的にカップを大きく外さずに打つので、タッチが合っていればブレークポイント狙いで寄っていきます。

中間地点より手前に目標を設定し真っすぐ打ち出す

○

大きく曲がるラインでプロは、ボールとブレークポイントの中間=ラインの手前側4分の1の地点に向けて真っすぐ打ち出すことが多い。ボールは、ブレークポイントに向かうが球足が強すぎないので左右に抜けづらい

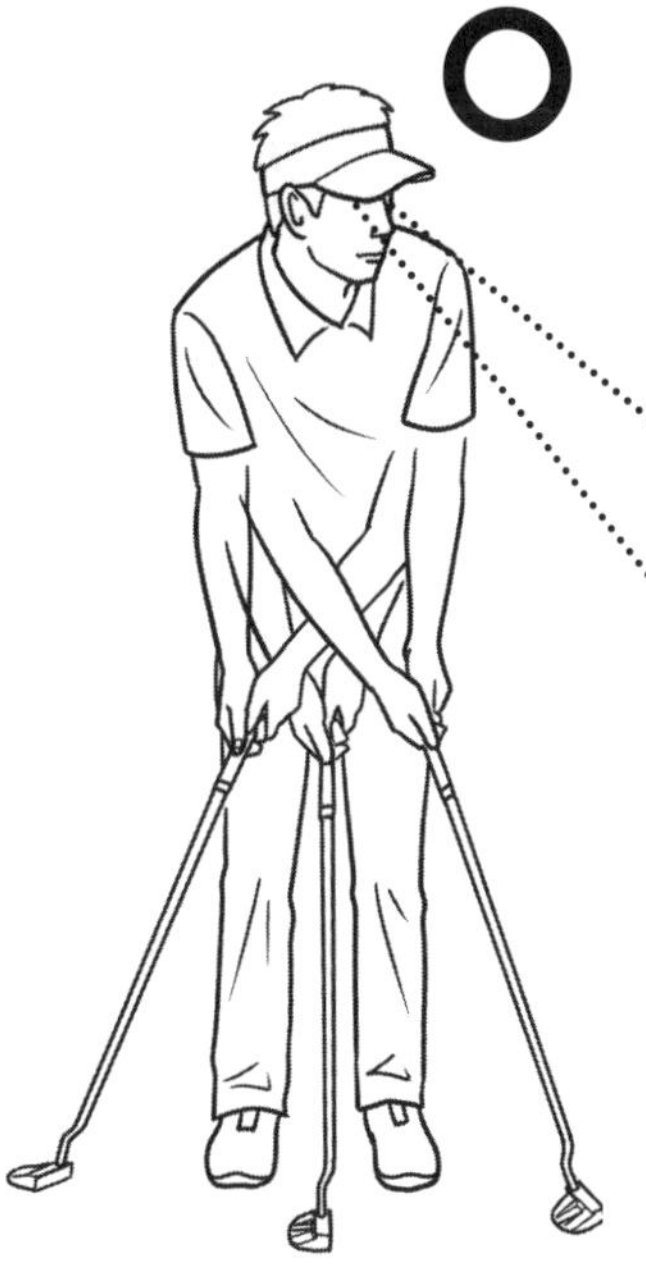

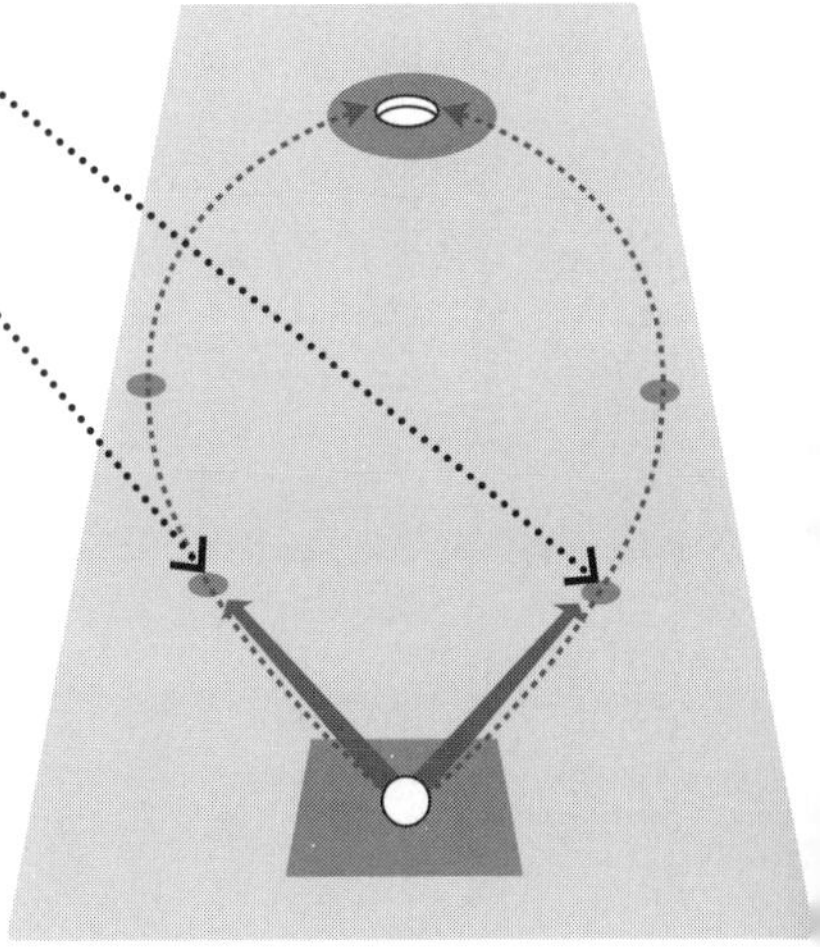

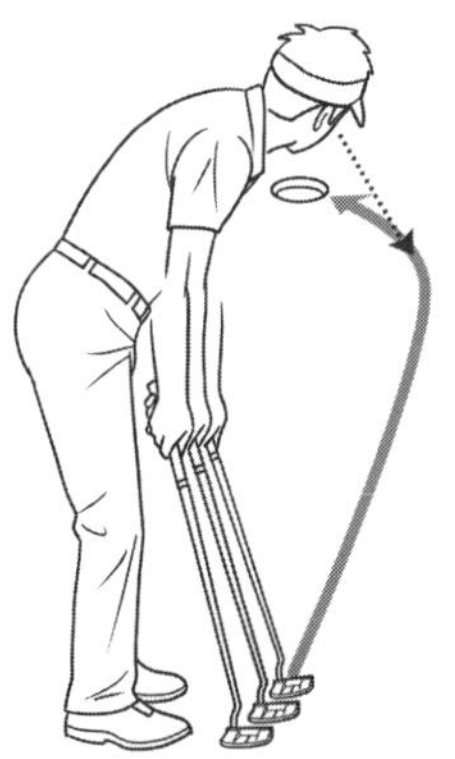

ブレークポイントを狙うと強めになって抜けやすい

パットのポイント

75

曲がるライン

スライスラインは左手、フックラインは右手で打つ

アマチュアはスライスラインでカップの右、フックラインでは同左に外しやすいと同時にショートしやすい傾向があります。これはカップが気になって、知らず知らずにその方向に打ってしまうからです。

心あたりがあったら、はじめからラインをやや厚めに読み、そのぶんしっかりカップの左右を向いてアドレスします。

そして**スライスラインでは押し出す感じ、フックラインはボールをつかまえるイメージで打ってみましょう。**その際、スライスラインでは左手一本、フックラインでは右手一本で打つイメージをもってもいいでしょう。

こうするとスライスラインではボールがつかまりづらくなり、フックラインではつかまりやすくなる。ともにラインに則したパットが打てます。

気をつけるのは強く打ち出さないこと。ラインに乗せるつもりで押し出すように打ち、フォローでヘッドを低く出します。

そもそも厚めのラインに打っているので強すぎると真っすぐ抜けてボールがカップから遠ざかる。ソフトなタッチのほうが寄っていきやすくなります。

スライスラインでカップの右、フックラインで同左に外しやすければラインを厚めに読み、しっかりカップの左右を向いてアドレス。前者は押し出す、後者はボールをつかまえるイメージで打つ。スライスラインは左手、フックラインは右手で打つイメージをもつといい

二段グリーン

下りは下段の縁を狙って打つ

二段グリーンで下段から上段に打つ場合はカップをオーバーさせるつもりで打ちます。

特に上り切ってすぐのところにカップがある状況では、上り切らずに戻ってしまう危険があるので絶対です。狙いはカップでいいでしょう。

カップまで距離があるケースでは項目69で紹介した手首を使ったストロークで対処します。スライス、フックを伴うラインもあるので、ロングパットを含めて上段に運べればいい。ワンピン以内なら大成功です。

上段から下段に打つ場合も基本オーバーでOK。ただ、下り傾斜がずっと続いてグリーンオーバーも考えられるケースではカップは狙わず、ライン上の下段の縁を狙います。

上段の縁ギリギリを狙い、絶妙の強さで打てるとボールの勢いが削がれ、惰性で下り傾斜を転がせますが、下り切らないと最悪の結果になるので、それだけは避けねばならない。そうなると**落ちてすぐのところを狙うのが一番。**状況にもよりますが、こちらもワンピン以内に止められれば大成功。カップを過ぎてからのボールの転がり方をよく見て返しのパットに備えましょう。

上段から下段、下段から上段もカップをオーバーさせるのが基本

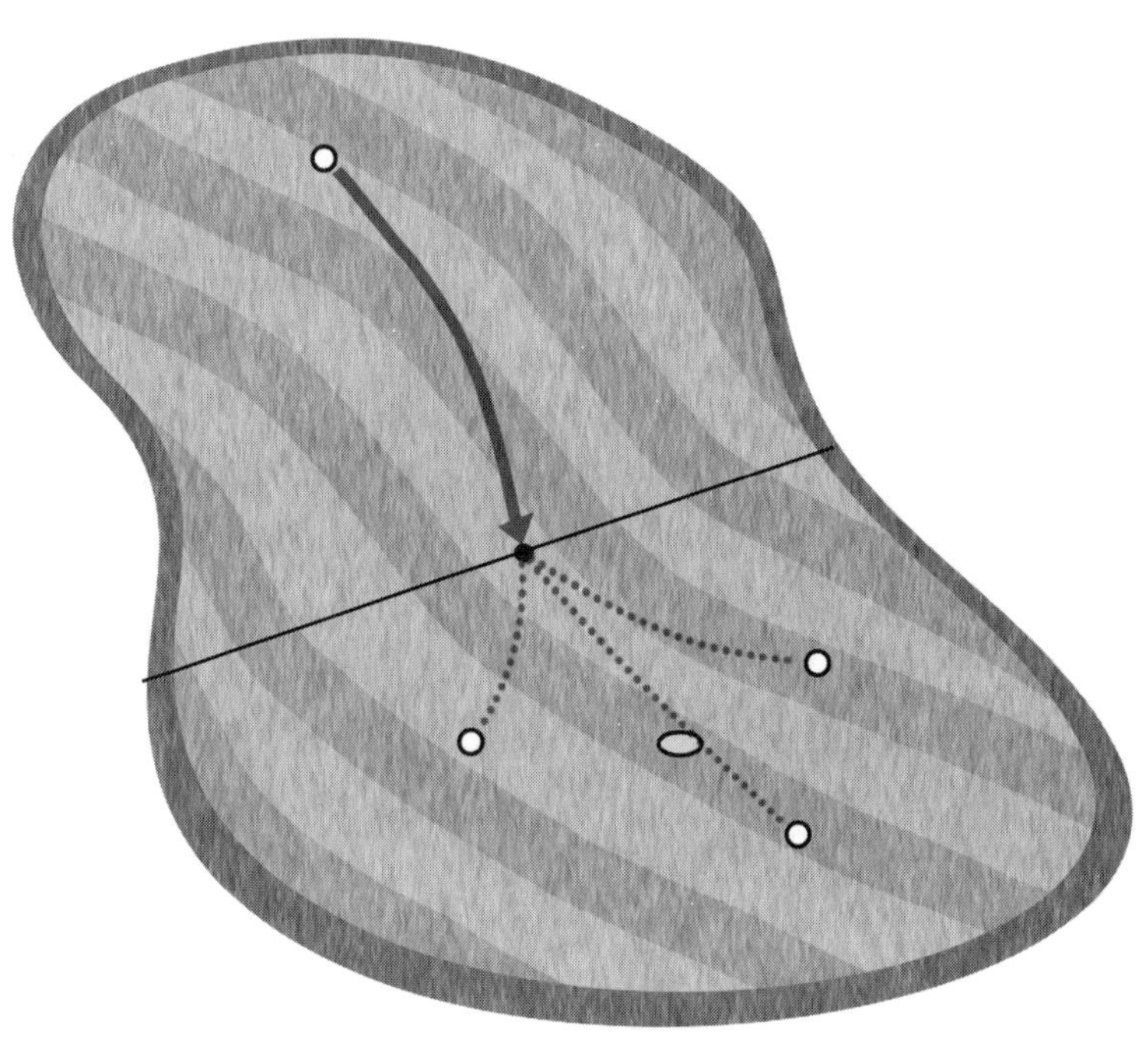

下段から上段はカップを狙ってオーバーめに打つ。上段から下段も基本オーバーでいいが、グリーンを出てしまうことも考えられる場合は、カップは狙わずライン上の下段、落ちてすぐのところを狙う

パットのポイント 77 スネークライン

カップ側から読んでラインに乗せる

スネークラインを読み切るのは無理。順序立ててラインを読み、イメージした軌道に向かって打っていくしかありません。

まずは傾斜のチェックから。上りは切れやすく下りは切れ幅が小さいので、ボールスピードを考えてタッチを出します。

次はスライス、フックどちらの影響が大きいかを見ますが、その際、**必ずカップ側から見ること。**ボールの近くよりカップに近い傾斜のほうが影響するからです。

たとえば、カップ側から見てボールの近くの右サイドが高ければ、まずスライスが入ります。そしてカップ寄りで左側が高くなっていたら、はじめにスライスしてからフックするラインになるわけです。

いずれにしてもボールの転がりに大きく影響するのはカップに近い傾斜なので、そこをしっかり見ておく。**ボールからカップよりも、カップからボールに向けてのラインをイメージしましょう。**

スネークラインは読み切れませんが、ラインを消す勢いで強く打たないほうがいい。間違ってもいいのでイメージしたラインに乗せるつもりで打つのが寄せるコツです。

間違ってもOK。イメージしたラインに乗せるつもりで打つ

まずは傾斜をチェック。上りは切れやすく下りは切れ幅が小さいので、ボールスピードを考えてタッチを出す。次にスライス、フックどちらの影響が大きいかを見る。必ずボールの近くよりカップに近い傾斜のほうが影響するので、カップ側から見る

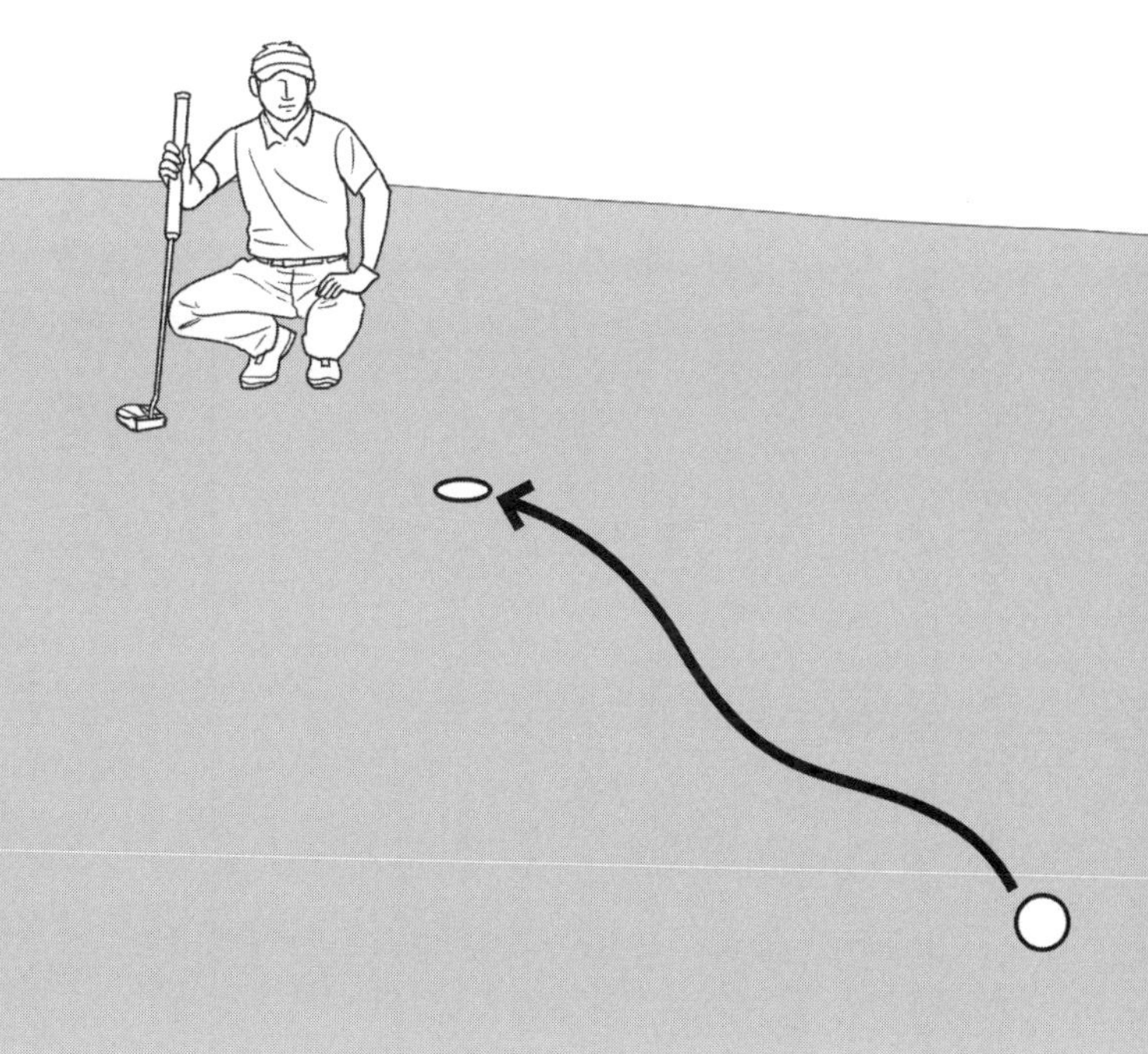

パットのポイント

78

打点

ラインによって打点を変える

プロの中には状況によってわざと芯を外して打つ人がいます。

たとえば、**触っただけでツツーッと転がるくらいの下りはトゥ側で打つ。**「お先に」の要領で「コツン」と打てば勝手に転がって入るので楽なのだそうです。

また、**上りのパットは一番よく転がるパターのリーディングエッジで、フラットなら芯、フックラインはトゥ側で打つ**など、状況によって打点を変える人もいます。

とはいえ、いつでもそうするわけではなく、自分なりの状況判断に基づいて打ち分けています。

逆に、その打点で打てば必ず一定の転がり方をする、というところまで自信がもてるようになれば、そのラインを残す戦略もとれます。下りはトゥ側で打ったほうが決定率が高ければ、下りのパットを残しても怖くないというわけです。

ただし、プロはフェースの芯を外す場合でもボールの芯は外しません。でないと球がヨレて真っすぐ転がらないからです。ストロークや打つ強さを変えなくても転がりをコントロールする方法はあるのです。

触っただけでツツーッと転がるくらいの下りは、トゥやヒール側で打ってもいい

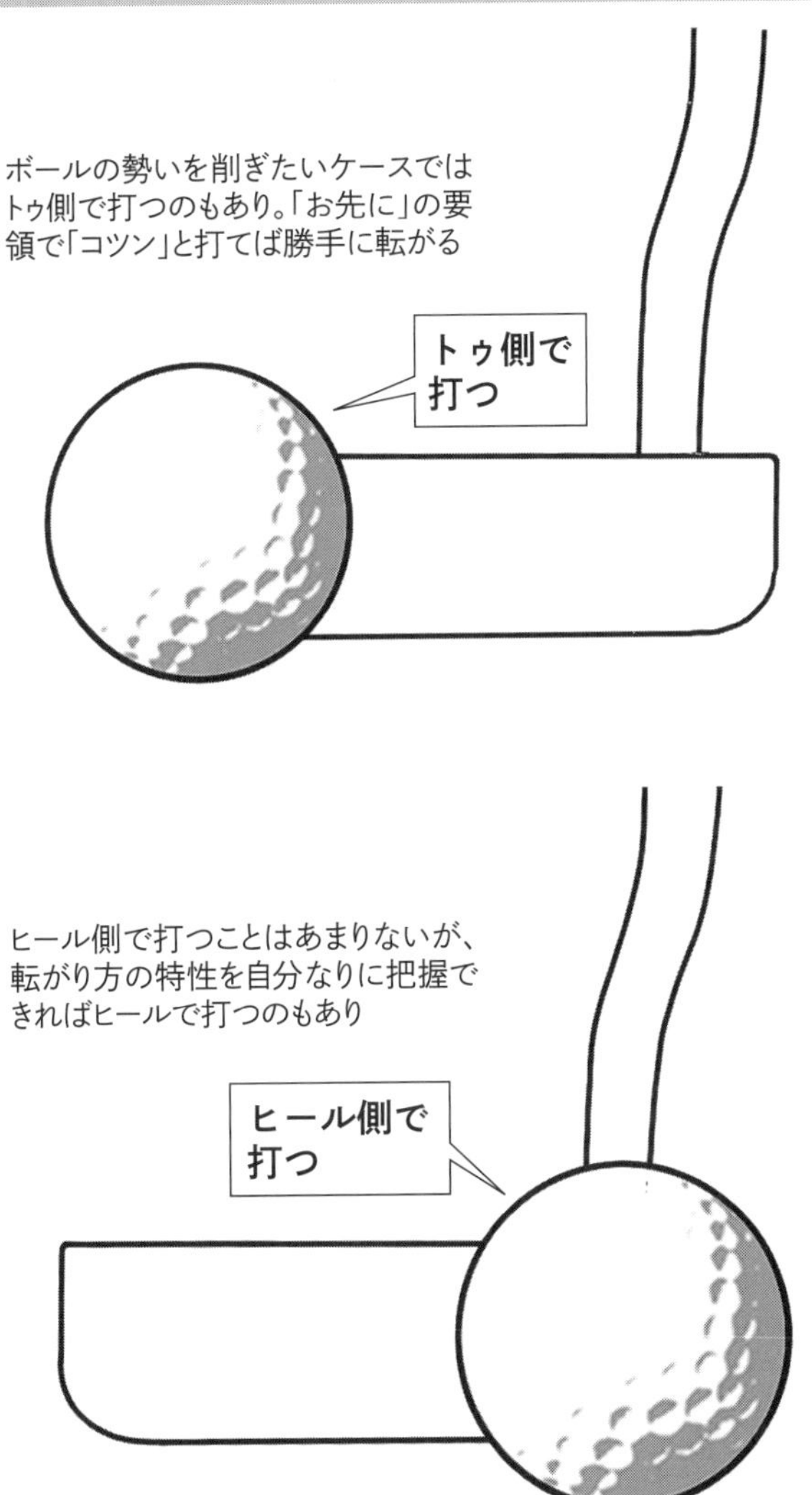

パットのポイント

79

ショート対策

打ち切れなければフォワードプレスを入れる

ショートやカップの手前で切れる、いわゆるアマチュアサイドに外すことが多い人は、インパクトが緩んだり、フェースが開いて当たっている可能性大です。

インパクトが緩むならフォローを意識して打つ。**フォローでヘッドを出す位置を決めておき、そこまで振るようにします。**

フェースが開く場合、フェースが右向きと、上向きの2パターンがありますが、両方をいっぺんに直す方法があります。フォワードプレスを入れることです。

フォワードプレスとは、始動で手元を左に軽く押してハンドファーストにすることで、スムーズにテークバックできます。

また、**ハンドファーストにすることでロフトが立ちます。そのままストロークするとインパクトでフェースが開かない。インパクト時のロフトも立つため、打った瞬間のバックスピンが減ってよく転がるボールになります。**

ただし、過度なハンドファーストだとボールを上から押さえつけることになる。インパクトでボールが跳ねてショートするので、自分なりに適度なフォワードプレスを探ってください。

インパクトでフェースが右を向くのと上を向くのをいっぺんに直す

始動で手元を左に軽く押してハンドファーストにするフォワードプレスを入れると、スムーズにテークバックできる。ハンドファーストにすることで、ロフトが立ちインパクトでフェースが開かない。打った瞬間のバックスピンも減ってよく転がる

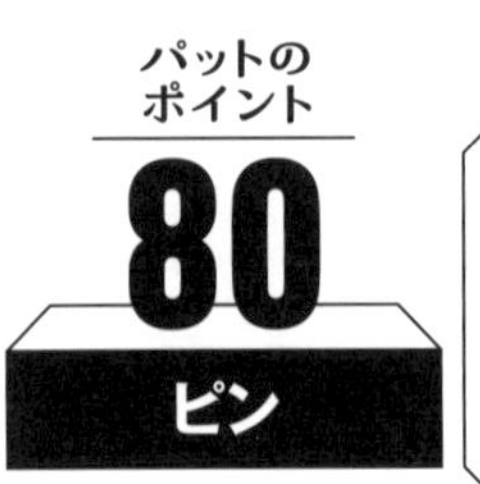

ピンを抜くor刺したまま。どっちが入る？

セルフプレーが多いアマチュアゴルファーは、ピンを刺したまま打つのが普通になっていますが、プロは抜く人も多い。そこで思うのは、どちらがカップインしやすいのか、ということです。

プロに聞いた結論からいうと、カップインの確率は変わらないそうです。ただ、刺したままの場合、メリットもあればデメリットもあるようです。

メリットとしては、ロングパットでカップの位置が明確にわかってターゲット意識がもてるのでタッチが出やすいこと。かつてはキャディがピンを持っていましたが、そうしなくても打ちやすくなりました。

下りのラインで強めに打ってもピンに当たれば入る、ともいわれています。その反面、ピンに弾かれて外れることがある、という人も結構います。前者は刺したまま、後者は抜くということで、意見が分かれる主因になっています。

プロの場合はキャディがいるし、ピンがないほうが見栄えがいいといった理由もあるので抜く人が多いですが、プレーファーストの点から見てもアマチュアは刺したままプレーするのがベター。プロ同様、**ロングパットが狙いやすいですし、アマチュアがプレーするグリーンなら、ピンの真ん中にぶつければまず入るからです。**

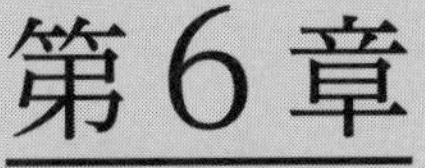

第6章

イメージ通りに打てる道具の選び方&パットの科学

パットのポイント

81 パター選び

座りがよくヘッドの重さを感じるものを選ぶ

パター選びにもルールはなし。見た目がカッコいい、構えやすい、打感が抜群などフィーリング重視でOKです。

ほかに拠り所が欲しければ、座りのよさと重さを気にしましょう。

パットではパターが主役。なにはともあれ**ライ角通りに構えるのが最優先事項ですから、まずはそうしやすい＝座りのよいモデルを選ぶべきです。**

座りのよさは重さにも関連します。パターの重量の半分以上はヘッドの重さで、重いほど座りがよくなります。

また、ストロークは振り子運動。振り子の先端が重いほうが運動エネルギーは大きくなります。つまりパターによる自然な振り子運動で打ちやすくなるわけです。ヘッドが適度に重ければ、手先で動かせないため大きな筋肉を使えるというメリットもあります。

とはいえ、振りづらいほど重かったら操作できません。ヘッドが効きすぎてタッチが合わなければ感性もへったくれもないでしょう。ということで、**全体重量の中でヘッドの重さを感じられるパターを選ぶのがポイントになります。**

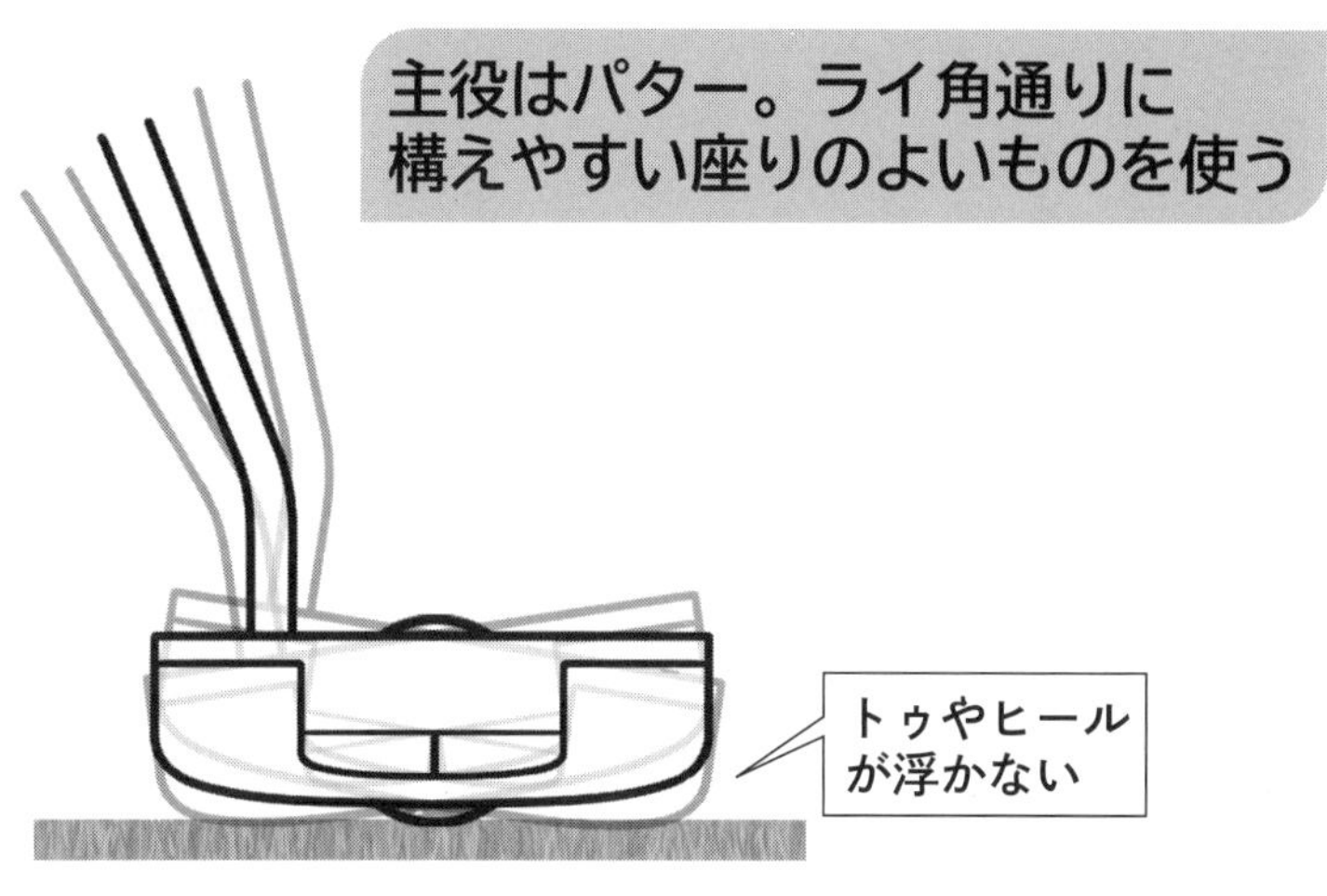

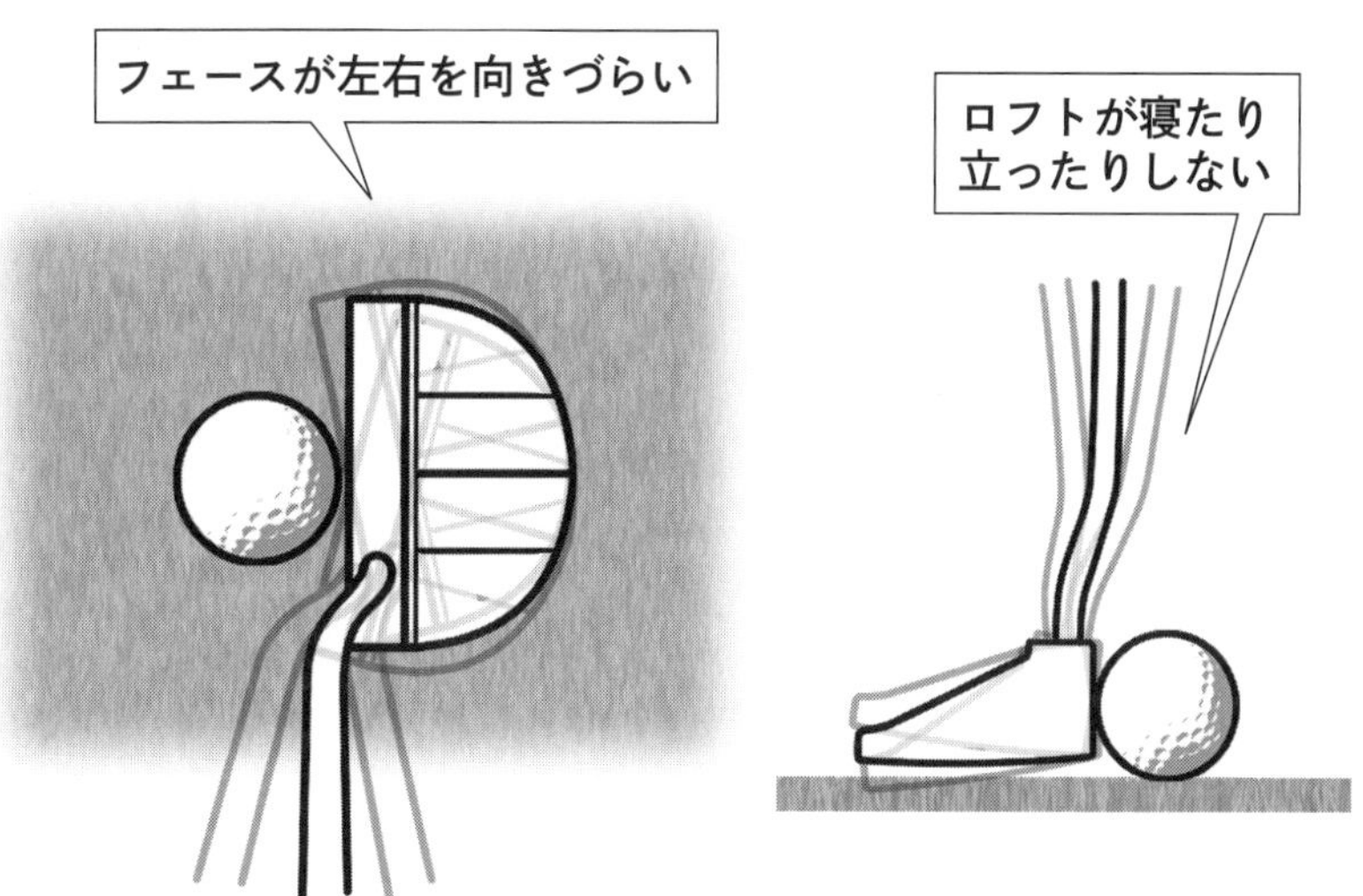

ソールしたときに前後左右にブレず、ピタッと置けるパターが理想。ヘッドの形状もあるが重さによっても変わる。操作性も含めて座りのよいパターを選びたい

パットのポイント

82

ヘッド形状

ヘッドの形状とストローク軌道の関係

さまざまな種類があるパター。一本一本の詳細な機能については、それぞれの説明書に委ねざるを得ないので、ここでは見た目の違いでわかる特性について説明します。

ヘッドの形状には、L字、キャッシュイン、ピン型（ブレードタイプ）、マレット、ネオマレットなどがあります。L字とキャッシュインについては少数派で、それ以外の3つが主流です。形の違いは一目瞭然（左ページイラスト参照）ですが機能にも違いがあります。

ピン型はL字やキャッシュインの機能性を高めつつやさしさをプラスしたヘッドで、イン・トゥ・イン軌道で動きやすいのが特徴。マレット→ネオマレットの順にヘッドが真っすぐ動きやすくなります。**ボールをつかまえるイメージで打ちたければピン型、ヘッドの直進性を重視したい人にはマレットやネオマレットが向きます。**

大きさに比例してヘッドが重くなりますから、マレット系に比べてピン型はしっかり振ることになります。ミスに寛容なのはマレット系ですがモデルによっては打感がボヤける傾向があります。高速グリーンで戦うプロにピン型を好む傾向があるのはこのためです。

ピン型、マレット、ネオマレットがヘッド形状の主流

L字型

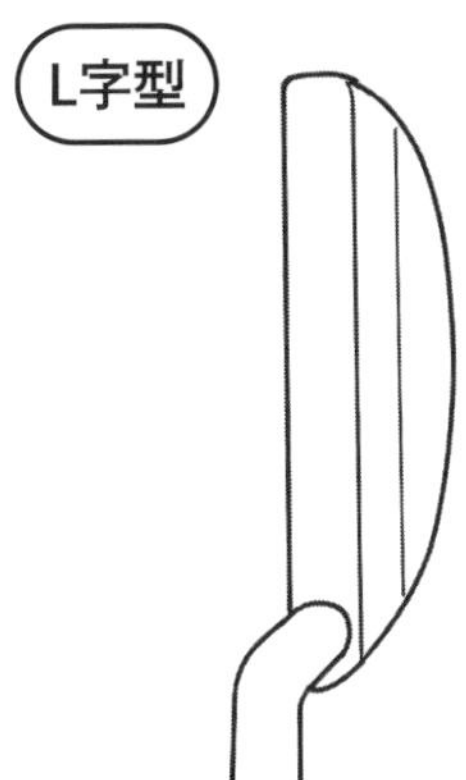

アイアンに近いタイプ。イン・トゥ・インの軌道でボールをつかまえて打つ

ピン型

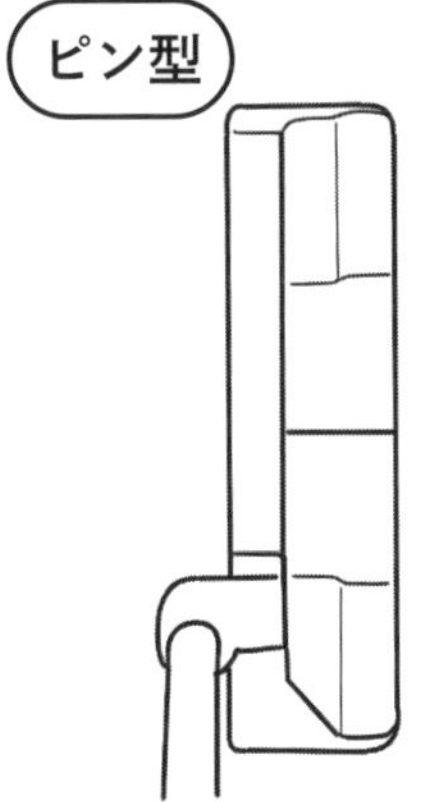

L字やキャッシュインの機能性を高めつつやさしさをプラス。イン・トゥ・イン軌道で動きやすい

マレット

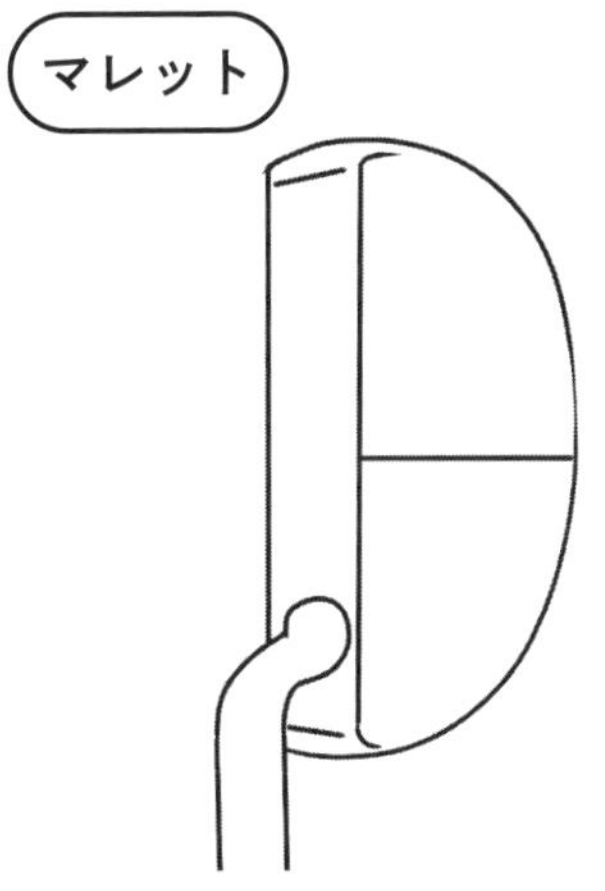

ヘッドの直進性が高いが操作性もあるタイプ

ネオマレット

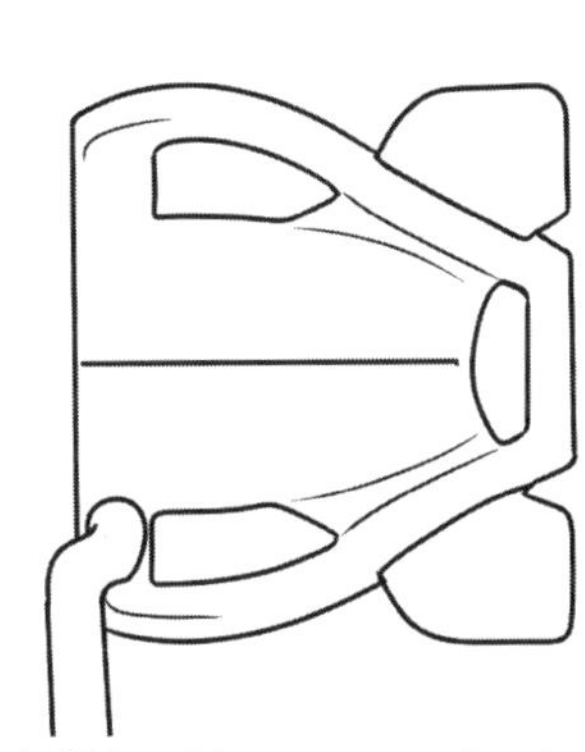

直進性を重視したヘッド。真っすぐ引いて真っすぐ出すストロークイメージに合う

パットのポイント

83

ネック形状

クランクネックとベントネック

ネックの形状には、クランクネック、ベントネック、スラントネック、ストレートネックのおもに4種類があります。

クランクネックはポピュラーで根強い人気があります。シャフトとヘッドの繋ぎ目が長く、クランク状に曲がっているのが特徴。アドレス目線で見るとフェース面がシャフトのラインより右にくるオフセットに設計されています。

ネックが湾曲したベントネックもクランクネック同様のオフセット設計。ただ、シャフトの延長線上にフェースの芯がくるモデルが多く、おおむねシャフトの軸線とヘッドの重心を結ぶ重心距離が短いセットアップになっています。

双方ともオフセットなので、体の中心にヘッドを下ろすとボールの位置がほぼ真ん中になります。インパクトが遅れる感じになるためボールのつかまりがよく、プッシュアウトなど右に打ち出すミスに強いとされています。

ネックの形状に限っていうと、**クランクネックはどんなストロークにも対応できる万能タイプ、ベントネックはヘッドを真っすぐ動かすタイプのストロークに向いています。**

オフセット設計が多い クランクネックとベントネック

ともにオフセットが多い。体の中心にヘッドを下ろすと、ボールの位置がほぼ真ん中になる。インパクトが遅れる感じになって、ボールのつかまりがいい

クランクネック

シャフトとヘッドの繋ぎ目が長く、クランク状に曲がっている。アドレス目線だとフェース面がシャフトのラインより右にくる

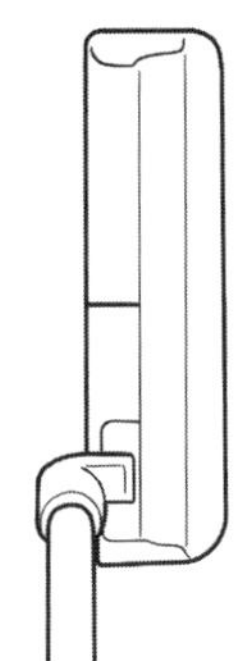

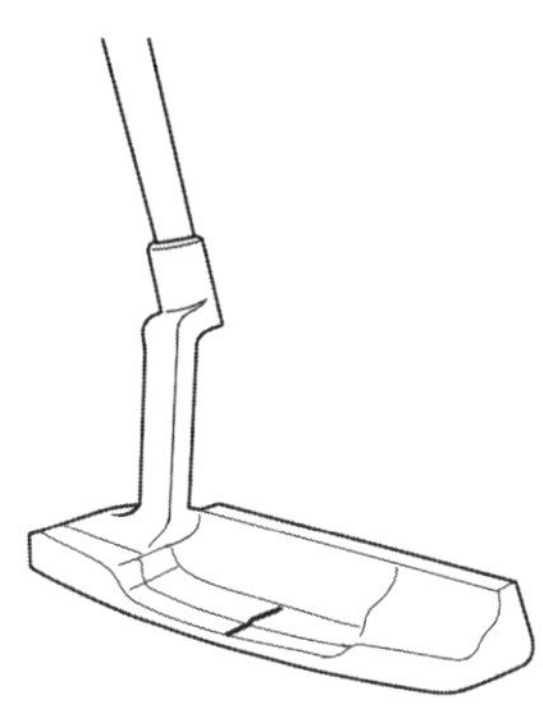

ベントネック

フェース面がシャフトのラインより右にくるオフセット設計。シャフトの延長線上にフェースの芯がくるモデルも多い。おおむねシャフトの軸線とヘッドの重心を結ぶ重心距離が短い

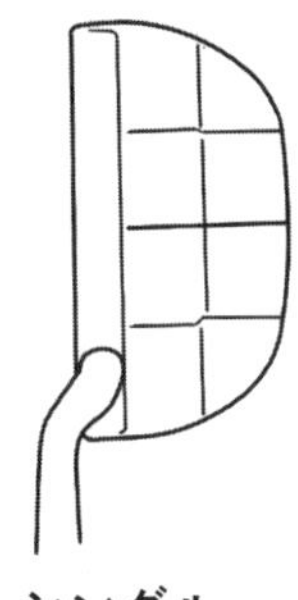

シングル
ベントネック
（曲がりが1カ所）

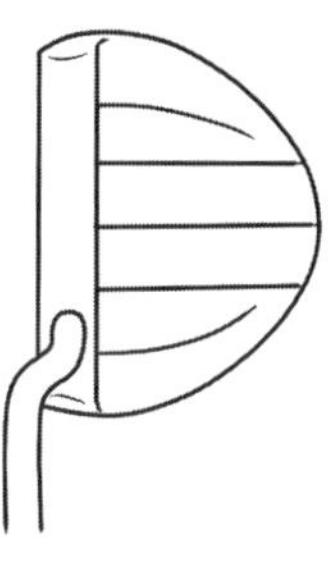

ダブル
ベントネック
（曲がりが2カ所）

パットのポイント

84

ネック形状

スラントネックとストレートネック

スラントネックはヘッドとシャフトの繋ぎ目が短いネックです。

シャフトの軸線とフェースの重心点を結んだ重心距離が長いモデルが多く、フェースの開閉を使って打ちたい人にフィットします。

アドレス目線で見るとヘッドのトップラインがシャフトの軸線と重なるハーフオフセットタイプが多いですが、これは**フェースの開きすぎを抑えるための設計です。**

ストレートネックは文字通り真っすぐのネック。シャフトの延長線上にフェースの芯がくるのでセンターネックとも呼ばれます。ヘッドの座りがいいので構えやすく、操作性もいいといわれています。

アドレス目線で見るとフェースがシャフトと一直線、もしくはフェースがシャフトラインよりやや左に出ています。体の中心にシャフトを下ろして構えると、必然的にボールの位置はやや左になります。

両タイプともヒッカケなど左へのミスが多い人に向きますが、**ストレートネックは重心距離がゼロなのでヘッドが直線的に動きやすい。**真っすぐ引いて真っすぐ出すストロークに合います。

左へのミスが多い人に向く スラントネックとストレートネック

両タイプともヒッカケなど左へのミスが多い人に向く。ストレートネックは、重心距離がゼロなのでヘッドが直線的に動きやすい

スラントネック

ヘッドとシャフトの繋ぎ目が短いネック。シャフトの軸線とフェースの重心点を結んだ重心距離が長いモデルが多い。アドレス目線で見ると、ヘッドのトップラインがシャフトの軸線と重なるハーフオフセットタイプが多い

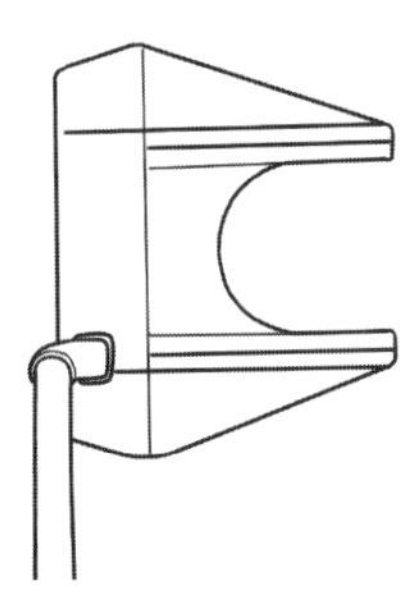

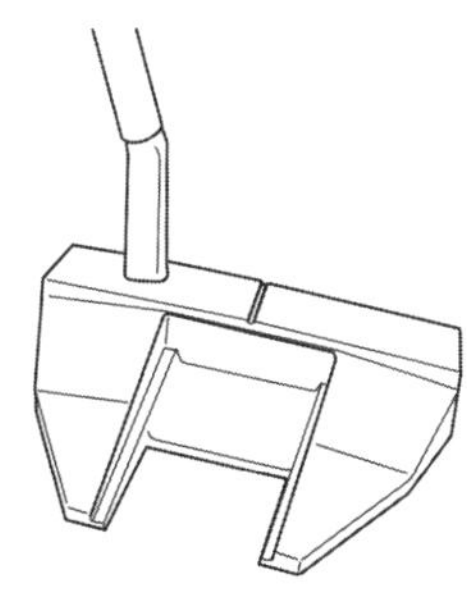

ストレートネック

真っすぐのネック。シャフトの延長線上にフェースの芯がくる。ヘッドの座りがいいので構えやすく操作性もいいとされる。アドレス目線で見ると、フェースがシャフトと一直線、もしくはフェースがシャフトラインよりやや左に出る。体の中心にシャフトを下ろすと、ボールの位置はやや左になる

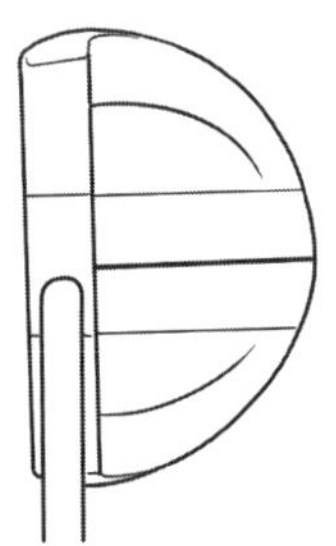

パットのポイント

85 シャフト

シャフトの違いで性能がアップする

パターのシャフトもパフォーマンスを左右する要素。かつてはスチール一辺倒でしたが、**最近はプロでもカーボンやカーボンとスチールを複合した素材のシャフトを使うようになっています。**

カーボン素材を用いるのは設計しやすいから。軽くてしなりやすい特性を利用し、小さな動きでも敏感に反応する、しなり戻りの早いタイプ、しなり戻りが遅めで粘るタイプなど、さまざまな性格のシャフトを作れます。

ユーザーの細かいリクエストに応えられるのがメリットですが、高性能で敏感なだけに合わない人もいる。また、パターによってはリシャフトできないモデルもあります。

複合素材のシャフトは以前からありましたが、オデッセイのストロークラボで火がつきました。こちらも軽く約75グラム。一般的には110~120グラムなのでかなりの軽さです。これによりヘッド側とグリップ側が重くなり、パター全体の慣性モーメントがアップしミスヒットに対して寛容になりました。

スチールを接合したのはヘッドの挙動を安定させるため。高慣性モーメントとともにミスへの対策を強化しているわけです。

小さな動きにも敏感に反応する カーボン系シャフト

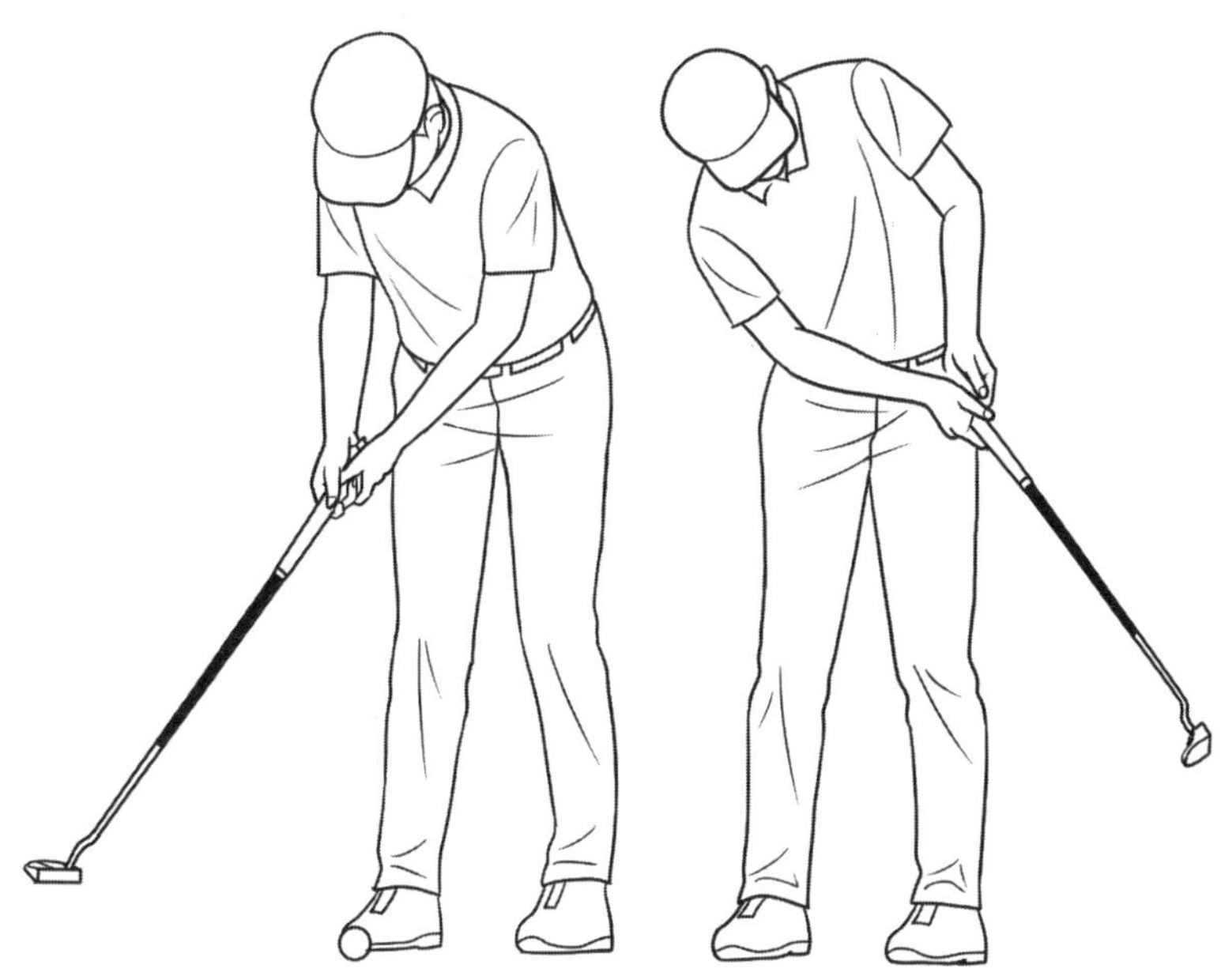

しなり戻りの早い、遅いなど性格の違ったシャフトを作れるのがカーボンのメリット。オデッセイのストロークラボに代表される複合素材もプロが使って話題に。パター全体の慣性モーメントがアップしミスヒットに対して寛容になった

パットのポイント

86 グリップ

手首の使用を抑える極太グリップ

グリップは太さと形状が選択の基準になります。

まず太さですが、**最近はグリップエンドの直径が3センチを超えるような極太グリップを装着するプレーヤーが多くなっています。**

極太グリップでは手首の使用を抑える効果が見込めます。ギュッと強く握りづらいためストローク中のグリッププレッシャーを一定に保ちやすいメリットがありますが、反面フィーリングが出づらい、ロングパットで手首を使いづらいといったデメリットもあります。

感覚重視でタッチを出したり、あえて手首を使って打ちたいタイプには細身のグリップがおすすめ。グリーンの外からアプローチ感覚で打ちやすいのもこちらです。

形状については、前面に平らな部分があるかないかがひとつの選択基準。平らな面があるとターゲットラインに対してスクエアに構えやすくなります。極太グリップの中にも前面だけ平らにしたモデルがあります。

昨今はグリップエンド側に錘（おもり）を入れてストロークバランスを整えたり、通常より長いグリップもあります。また、パター全体のバランスに寄与したモデルもあります。

手首の使用を抑えるなら極太グリップ

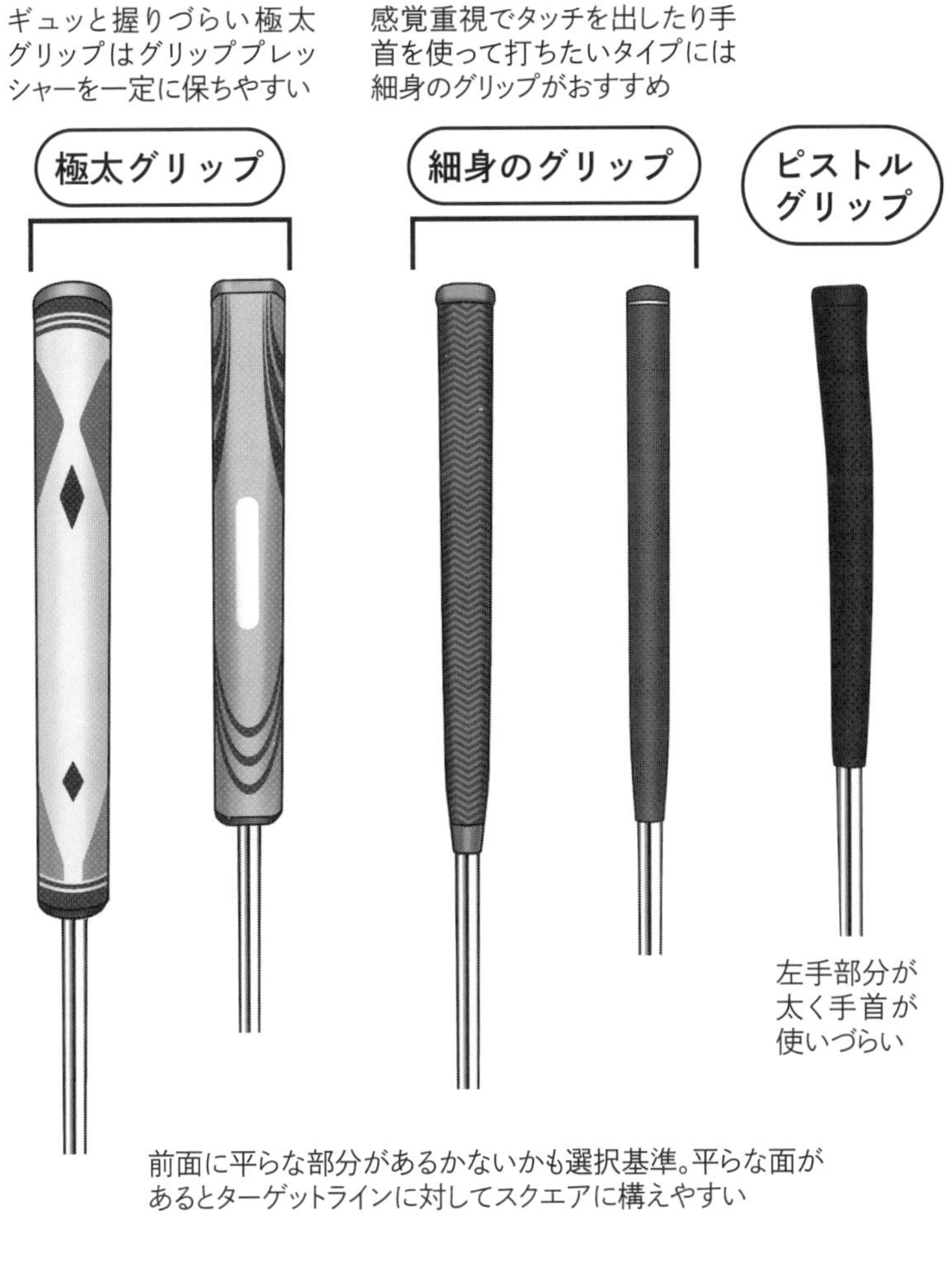

ギュッと握りづらい極太グリップはグリッププレッシャーを一定に保ちやすい

感覚重視でタッチを出したり手首を使って打ちたいタイプには細身のグリップがおすすめ

極太グリップ

細身のグリップ

ピストルグリップ

左手部分が太く手首が使いづらい

前面に平らな部分があるかないかも選択基準。平らな面があるとターゲットラインに対してスクエアに構えやすい

パットのポイント

87 パターの長さ

最適なパターの長さとは？

クラブの長さについてアマチュアは無頓着です。パターも同様で、市販のもの（33～35インチが主流）をそのまま使っている人が大半でしょう。

もちろんパフォーマンス的に問題がなければそのままで構いませんが、そうでなければ長さを疑ってみるべきかもしれません。

最適な長さはソールをペタッと地面につけて置き、グリップしたときに心地よく前傾姿勢がとれる長さ。多少長いぶんには短く握ってもいいですが、短すぎると構えられないので長くしなければいけません。

また、飛球線後方からアドレスを見た場合に、ヒジからパターヘッドまで一直線になるかも指標になります。短いと前傾が深い構えになって手首に角度がつき、長いと前傾が浅くなり手首が小指方向に折れます。

日本のゴルファーはパターが長すぎる傾向にあるといわれます。高身長のプレーヤーが多いＰＧＡツアーでも33インチ台が圧倒的に多い。腕が長いとしても短めといえます。パターに合わせて構えるとしても、長さと重さはプレーヤーに合っていなければならないのです。

4つの条件を満たす長さが最適

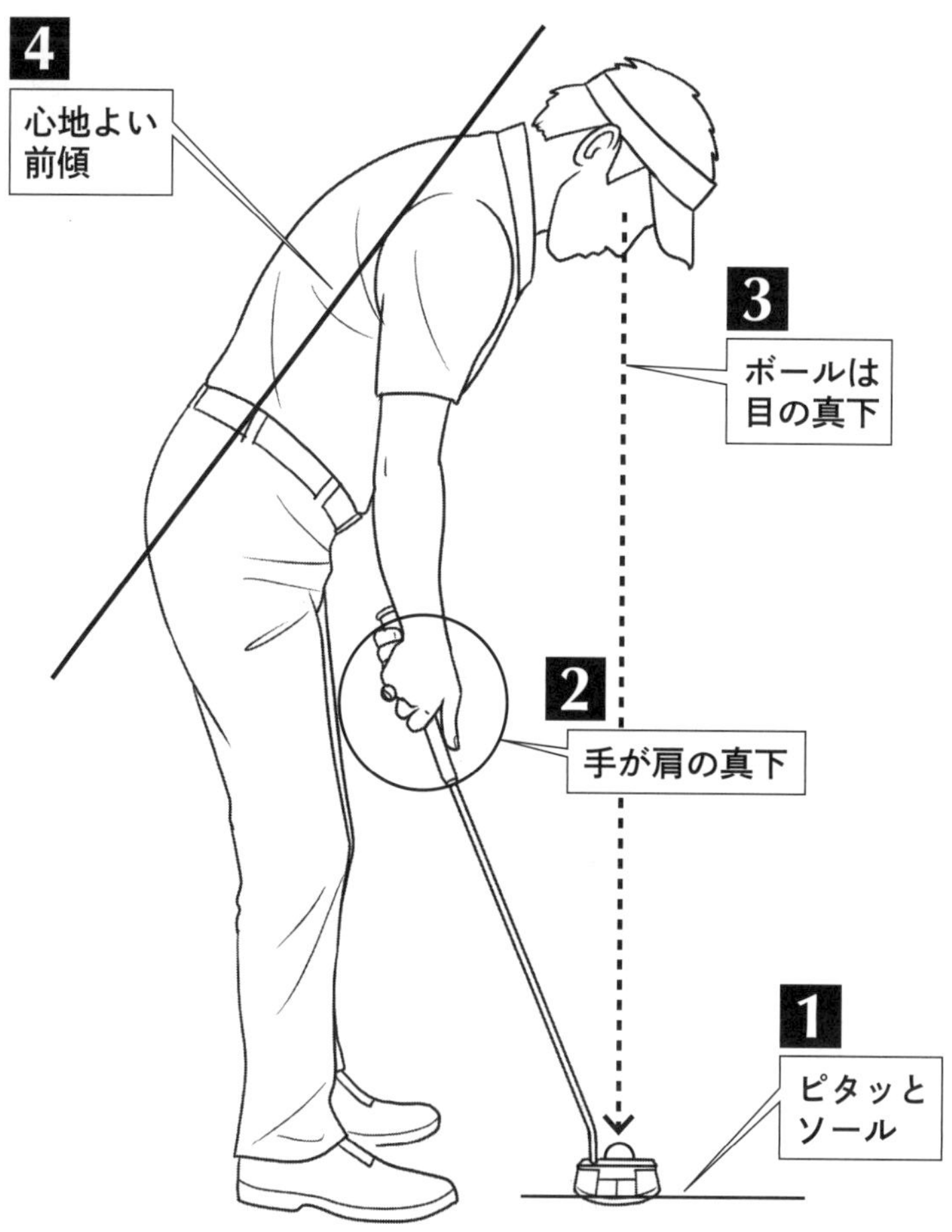

高身長のプレーヤーが多いPGAツアーでは33インチ台が主流。これが日本人のパターが長すぎるといわれる所以。ソールをペタッと地面につけて置き、グリップしたときに心地よく前傾姿勢がとれる長さかチェックしよう

パットのポイント

88

ボール

打感を重視するならボールの選択が大事

パットでボールの違いが如実に出るのはインパクト時の打感で、硬いか柔らかいか。フェースの素材によっても変わりますが、硬いと打音も大きめ、柔らかいとこもったような音がします。

硬いボールは基本的に飛距離性能を優先したディスタンス系でカバーが硬い。反発力が高いのでボールを弾くようなインパクト感になり、ボールスピードも出やすい傾向があります。昨今はボールの中心部にあるコアに硬い素材を用い、カバーを柔らかくしたディスタンス系ボールが人気です。

柔らかいボールはスピン性能を重視したスピン系で、柔らかい素材のカバーで覆われています。パターのロフトに乗ってバックスピンがかかりやすいため、ボールスピードは出づらい傾向にあります。

構造はディスタンス系がおもに2ピースから3ピース。スピン系だと3ピースから5ピースと多層。後者ほどインパクトでエネルギーがボールに伝わりづらくなります。グリップエンドに錘をつけるパターが登場したのはそのため。パターの慣性モーメントをアップさせボールにエネルギーを伝える工夫です。

インパクト時の打感が硬いか柔らかいか

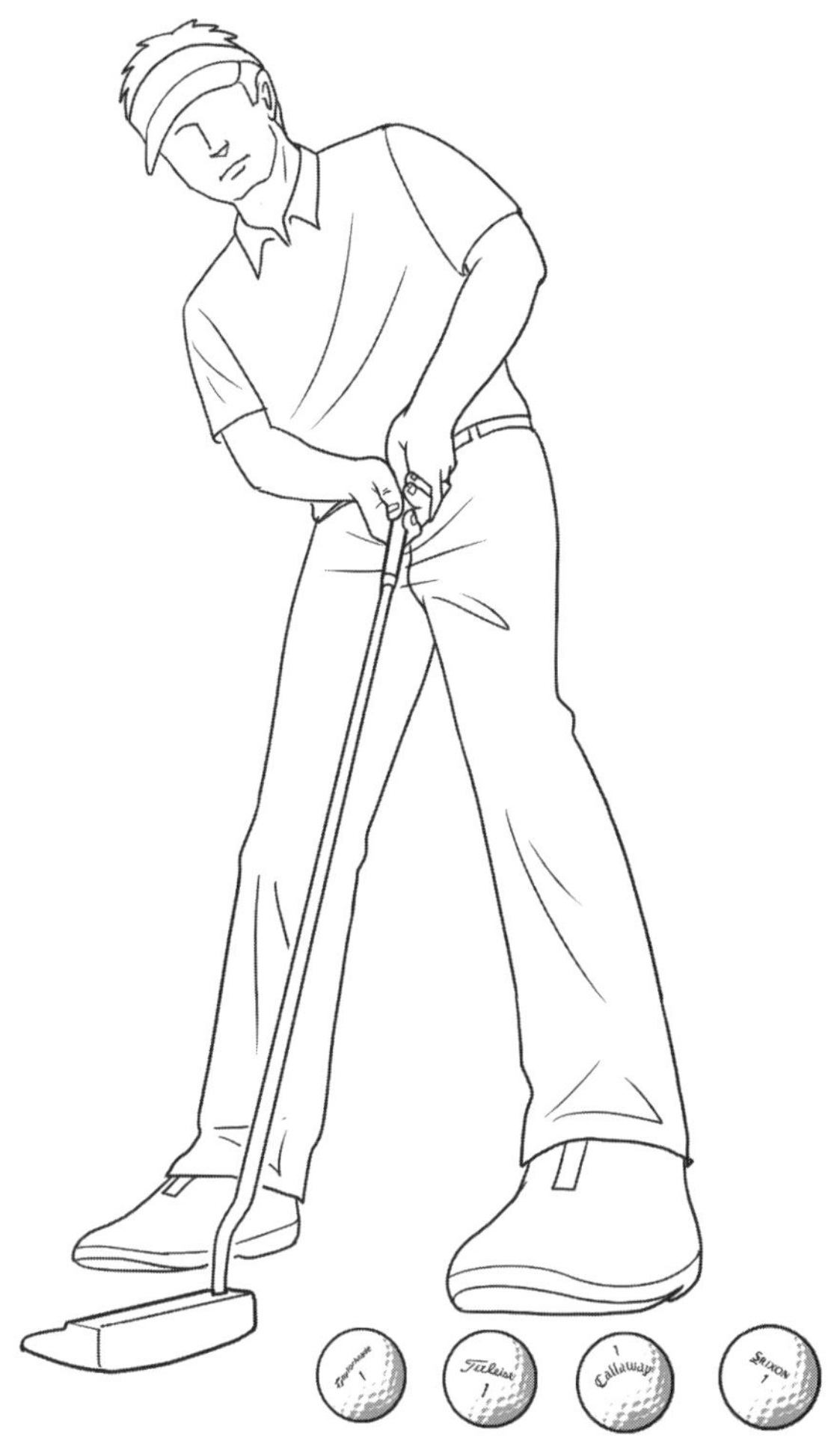

フェースやカバーの素材によっても変わるが硬いボールは打音が大きめで、柔らかいと小さい。硬めのディスタンス系と柔らかめのスピン系では転がり方も変わるので試してみよう

パットのポイント

89 フェース

感性を生かすフェースとボールの組み合わせ

パッティングには感覚が不可欠ですが、ゴルファーの感覚をパフォーマンスに反映する要素になるのが打感と打音。これらはフェースの素材によって左右されます。

フェースにはヘッドと同素材のノンインサートと別素材を用いたインサートがあります。

両者を比較するとノンインサートは打感が硬めで打音は高め。ステンレスや軟鉄といった金属系のフェースが多いためです。

一方、インサートは打感が柔らかめで打音は低め。こちらはおもに樹脂製のフェースが多いことによります。その材質はさまざまで多くのバリエーションがあります。

ボールとのマッチングで見ると、ディスタンス系ボールとノンインサート系フェースだと打感が硬く打音も大きくよく転がる。スピン系ボールとインサート系フェースだとこれが真逆になります。

ショートが多ければ前者、オーバーが多ければ後者の組み合わせが考えられますが、**タッチが合いやすいのは、ディスタンス系とインサート系、およびスピン系とノンインサート系の組み合わせになります。**

感覚に反映されるおもな要素は打感と打音

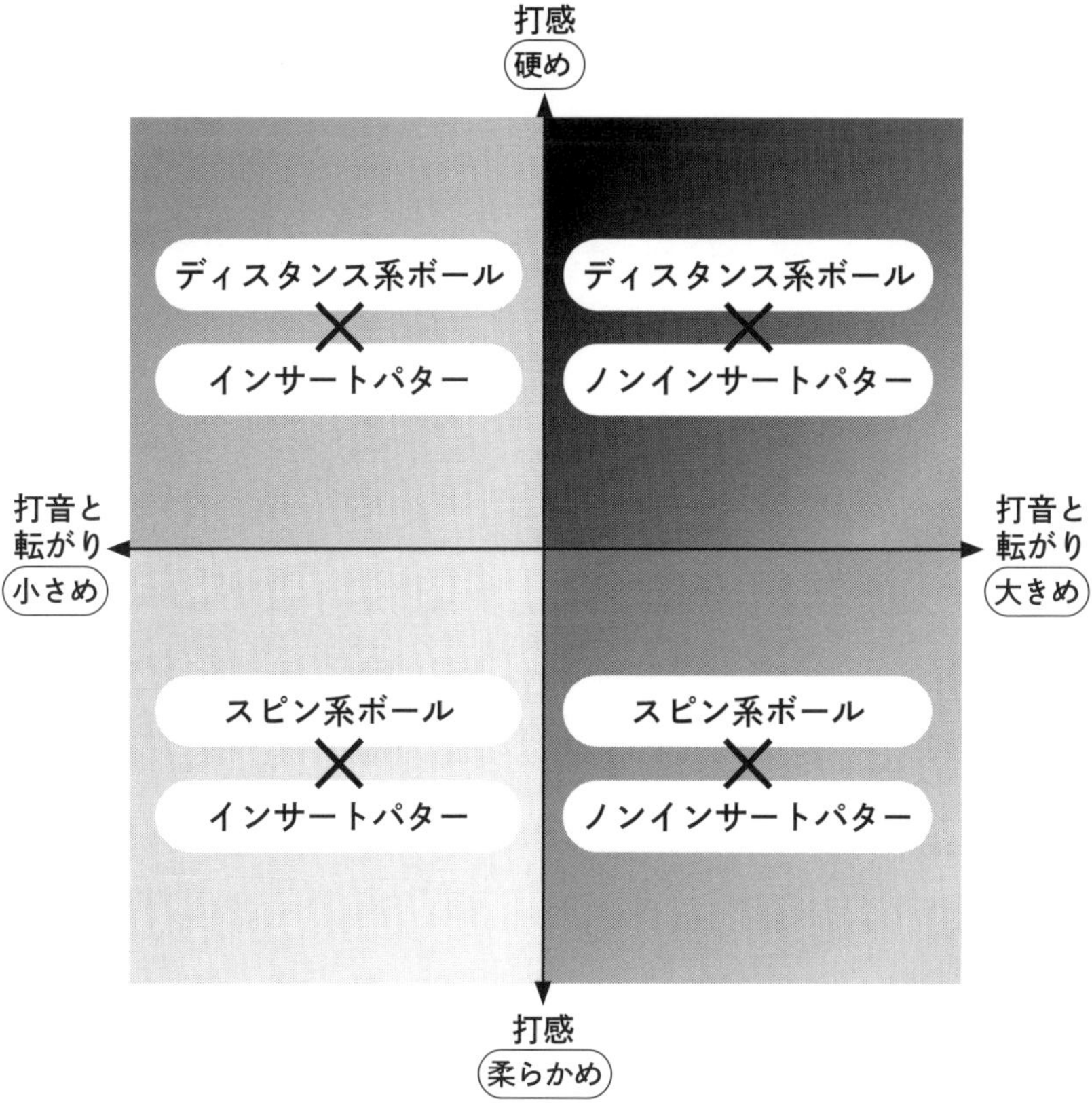

打感（硬め）

打音と転がり（小さめ）

打音と転がり（大きめ）

打感（柔らかめ）

	打音と転がり（小さめ）	打音と転がり（大きめ）
打感（硬め）	ディスタンス系ボール × インサートパター	ディスタンス系ボール × ノンインサートパター
打感（柔らかめ）	スピン系ボール × インサートパター	スピン系ボール × ノンインサートパター

フェースがヘッドと同素材のノンインサートは、打感が硬めで打音は高め。違う素材を貼り付けたインサートは、打感が柔らかめで打音は低め。ディスタンス系ボールとノンインサートフェースでは、打感が硬く打音も大きくよく転がり、スピン系ボールとインサイトフェースだと真逆になる。タッチが合いやすいのはディスタンス系とインサート系、およびスピン系とノンインサート系の組み合わせ

パットのポイント

90 重心と打点

ヘッドの重心位置と打点を一致させる

パターでボールを打つ場合にポイントになるのがヘッドの重心位置と打点。重心はフェースの芯と考えていいので、両者が一致する、つまり重心点で打てたときに最もいい順回転で転がります。真っすぐ転がるのでタッチが合いやすく結果的に方向性もよくなります。

パターの重心位置はヘッドやネックの形状によって違います。フェースの厚さはわずか数センチですが微妙にズレているのです。

アマチュアに最も多いのはトゥ寄りとヒール寄りのミスヒットですが、これをカバーするにはスイートエリアが広い、ピン型、マレット型、ネオマレット型のパターを選ぶといいでしょう。

打点が上下にブレる人にはネックが助け舟になります。おしなべて打点が高いならクランクネックに代表されるホーゼル部分の長いパターが合います。ホーゼルの重量があるぶん重心が高いからです。

反対にフェースの下部でヒットしやすければホーゼルがないベントネックがおすすめ。ホーゼルの重量がないためヘッドの重心が低く、スイートエリアの位置も低めになっています。

ネックの形状によってもヘッドの重心位置が変わる

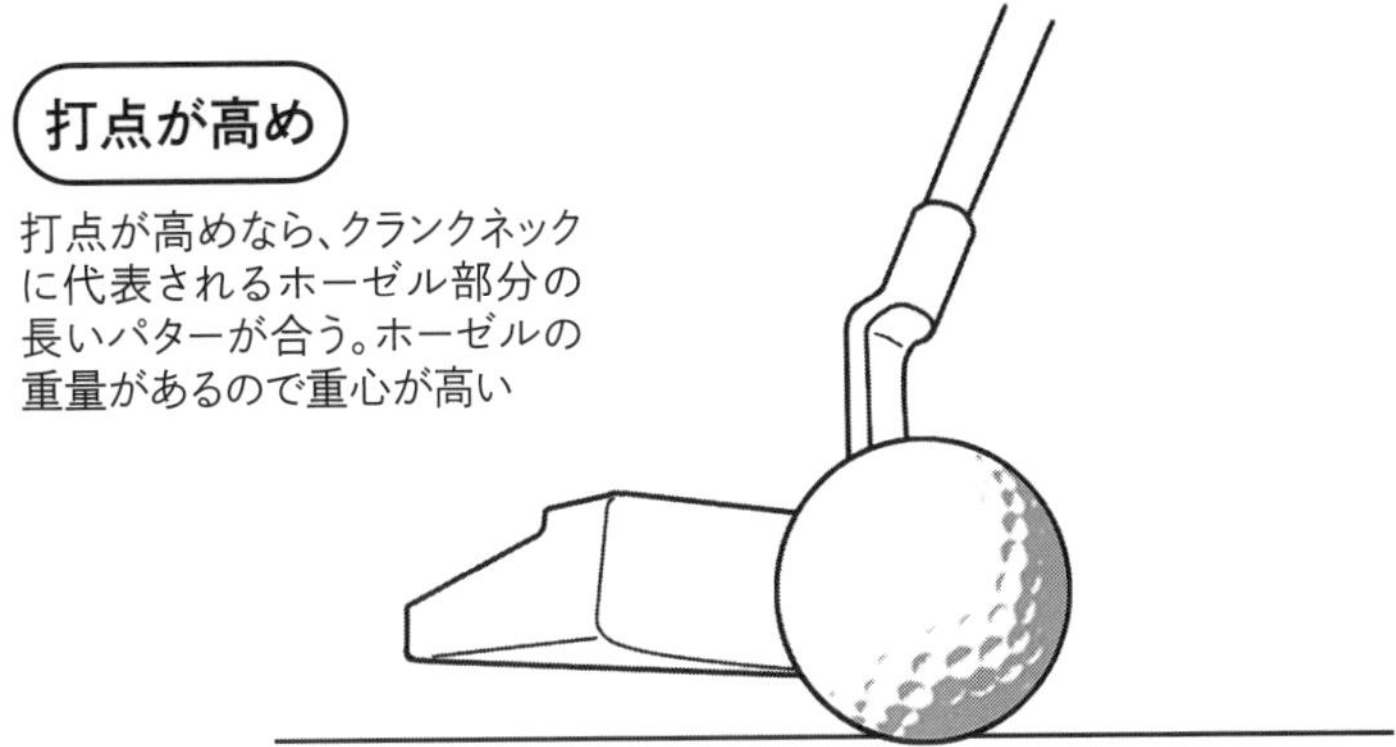

打点が高め

打点が高めなら、クランクネックに代表されるホーゼル部分の長いパターが合う。ホーゼルの重量があるので重心が高い

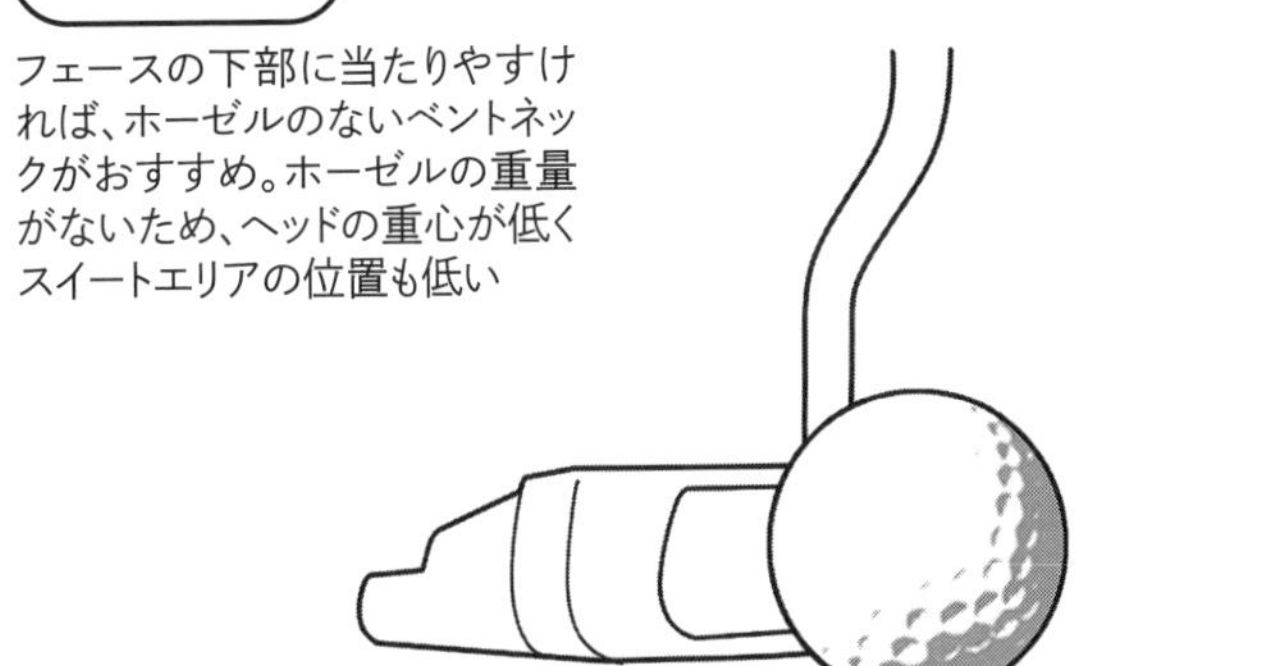

打点が重心

フェースの下部に当たりやすければ、ホーゼルのないベントネックがおすすめ。ホーゼルの重量がないため、ヘッドの重心が低くスイートエリアの位置も低い

パットのポイント

91

パターロフト

きれいな順回転のボールを打つ方法

きれいに順回転するボールを打つ方法は2つにひとつ。軌道に合ったロフトのパターを使うか、ロフトに合わせて軌道を安定させるかです。

打っているとわかりませんが、インパクト後にわずかながらもボールは宙に浮きます。これはフェースにロフトがついているから。グリーン上でもわずかながらボールは沈んでいて、そこから打ち出すには最低でも2度のロフトが必要といわれています。

あるデータによれば、インパクト後にボールは約7～8センチ飛んだのちに転がりはじめるときれいな順回転がかかるそうです。つまり、キャリーの距離がその後のボールの回転を左右するのです。

適正なキャリーを得るためのインパクトロフトは2～3度。一般のアマチュアがプレーするグリーンでは芝が長めでボールが沈むので4度くらいあってもいいかもしれません。

ただし、アマチュアは圧倒的にインパクトロフトが大きくなります。ストローク軌道がアッパーになるためですが、かといってヘッドを上から入れるとロフトが立ちすぎてボールが跳ねてしまいます。

適正なキャリーを得るためのインパクトロフトは2～3度

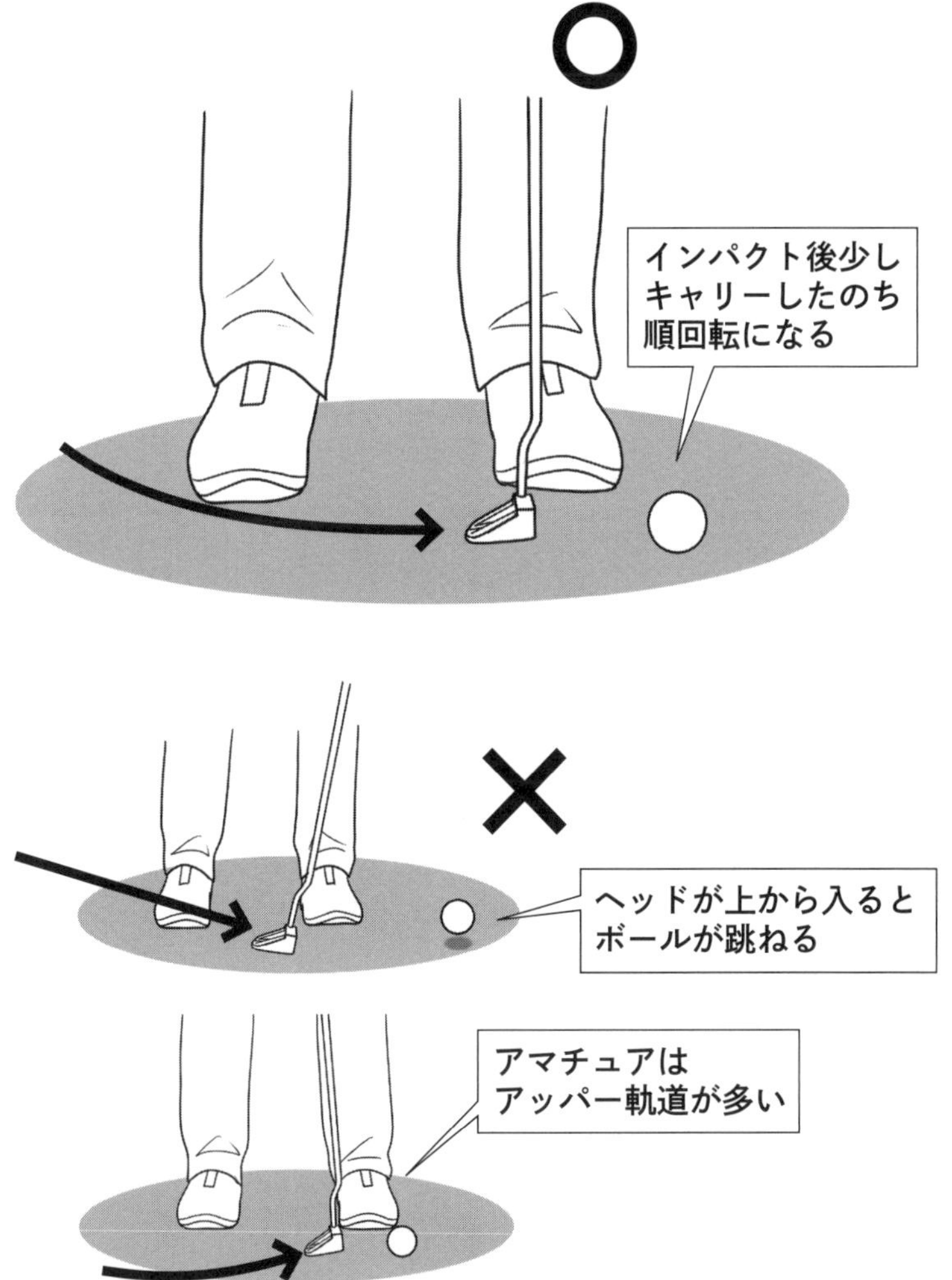

アッパーに打ってもダウンブローになりすぎても、ボールの転がりはよくならない。ロフト通りにインパクトできてこそきれいに回転する。実現するには、軌道に合ったロフトのパターを使うか、ロフトに合わせて軌道を安定させるか2つにひとつ

パットのポイント

92

インパクトロフト

ボールの位置でインパクトロフトを変える

安定的にきれいな順回転のボールを手に入れるには、パターロフトとストローク軌道の折り合いをつけるしかありませんが、即効的に行う方法もないわけではありません。ボールの位置を変えることです。

ボールを左寄りに置いて普通にストロークすればアッパー軌道でヒットするのでインパクトロフトが大きくなります。ヘッドが上めから入る人には緩和効果が見込めます。

一方、ボールを右寄りに置くとヘッドが下降する過程でヒットするため、インパクトロフトが減少します。アマチュアはアッパー軌道で打つパターンが断然多いので、こちらがハマるゴルファーは多いはずです。

ただ、ボール位置を変えると違和感が出るプレーヤーも多い。いつもと違った転がりになるのでタッチを合わせるのも大変です。また、使っているパターによっては、それほど効果が見込めない場合もあります。

そう考えると強くおすすめできないことも事実。まず**ボール位置を変えて打ち、その方向でパタージに近いパットが打てたら、イメーーを替える、あるいはストロークにテコ入れするのが得策です。**

ボール位置を左右にズラしてみる

ボール位置が左寄り

ボールを左寄りに置いて普通にストロークすれば、アッパー軌道でヒットする。ヘッドが上から入る人には効果あり

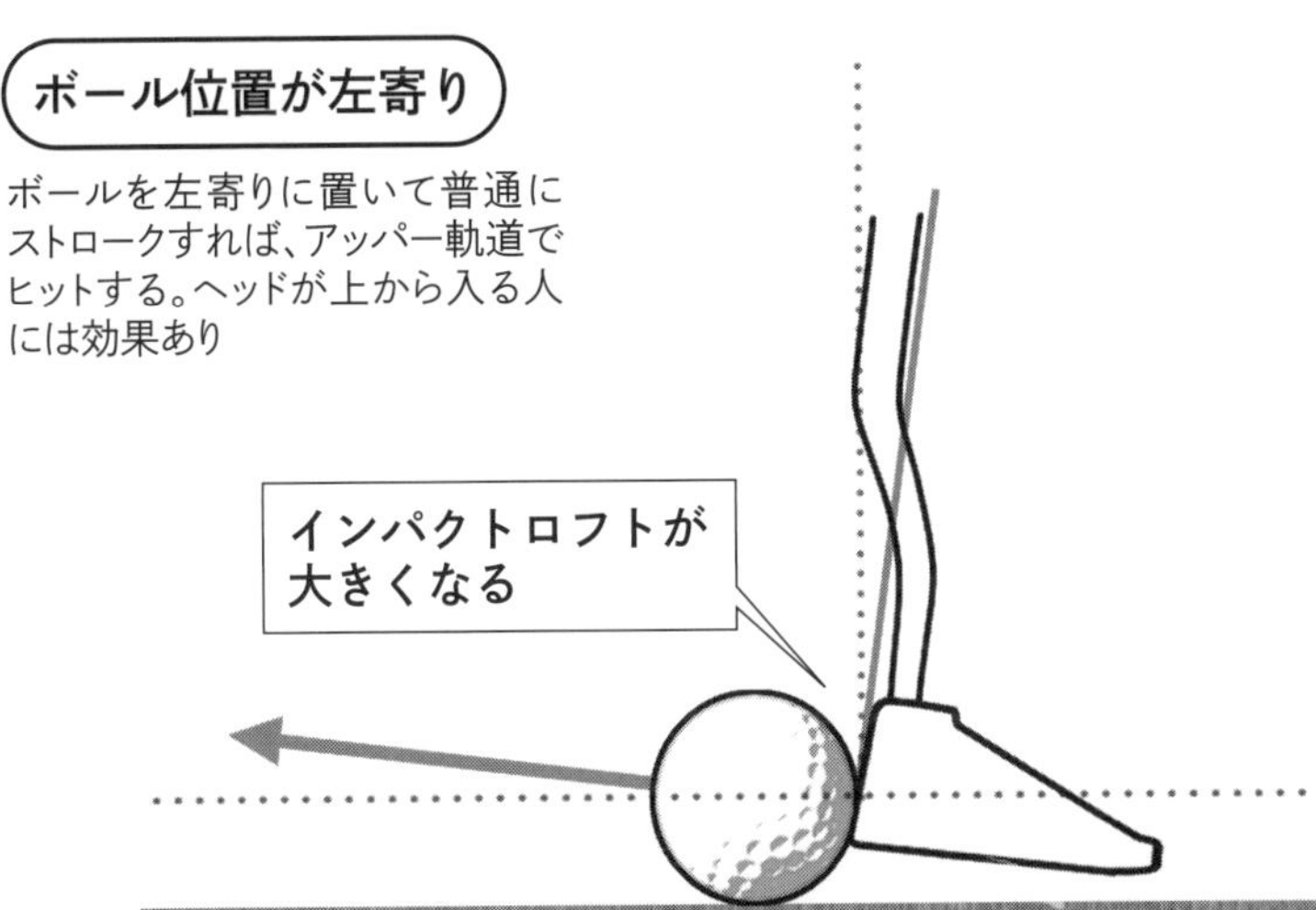

ボール位置が右寄り

ボールを右寄りに置くとヘッドの下降過程でヒットする。アマチュアはアッパー軌道で打つパターンが多いので、こうすると転がりがよくなる人が多い

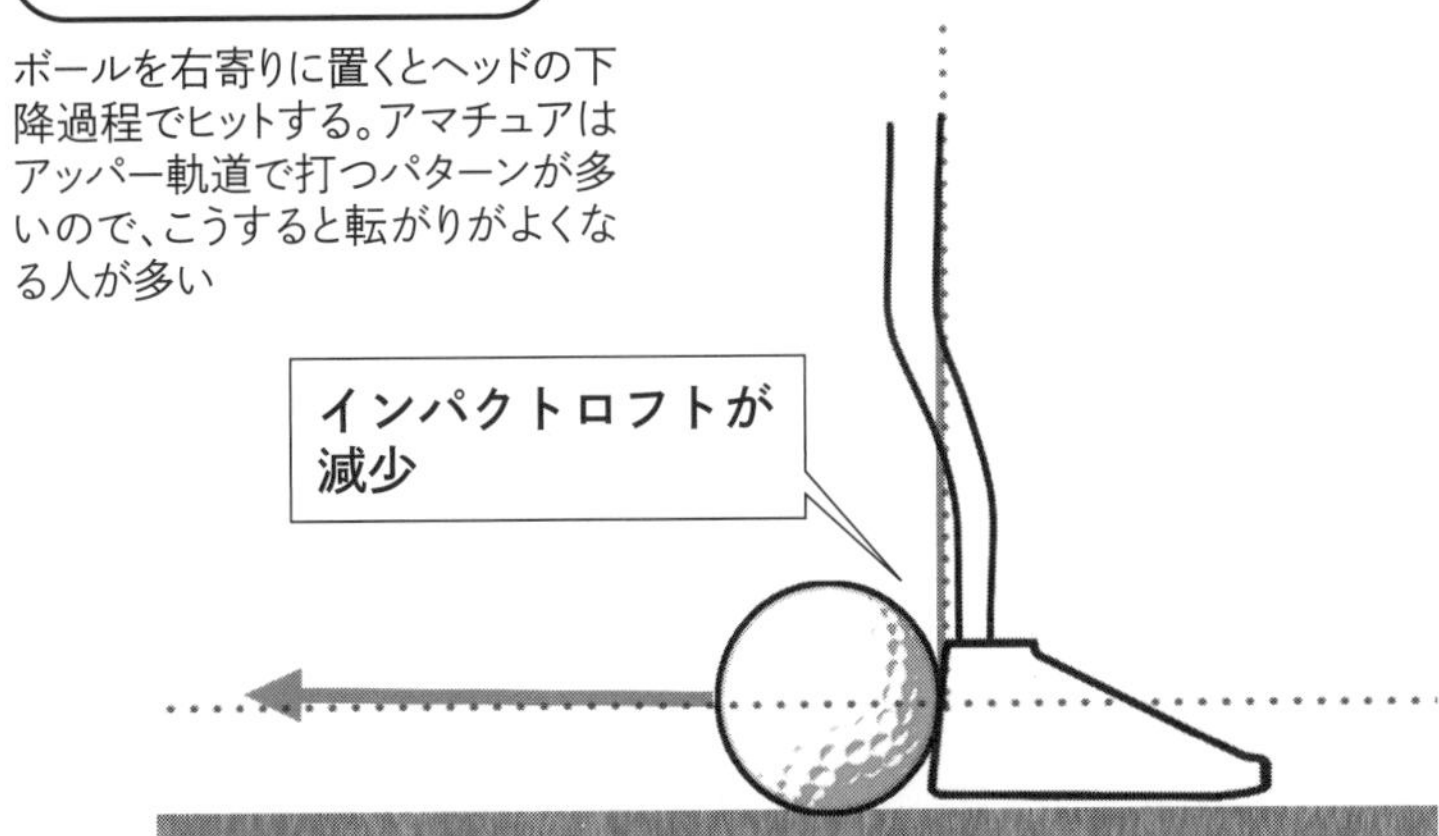

パットのポイント

93

目標合わせ

目標を向きやすいヘッドを選ぶ

ターゲットに向けてボールを打つには目標合わせが重要。ゴルファーは誰もがフェースを目標に向けていると思っていますが、あるパターメーカーによればアマチュアの70％は正しく向けていないそう。これを聞くとアライメント対策としてヘッドにさまざまな工夫がなされていることも納得がいきます。

ターゲットに対して真っすぐフェースを向けるには、まず自分が左右どちらを向きやすいのかを知ること。右を向きやすければ、フェースが開きやすいパターは避けるべき。ヘッドが宙に突き出るようにしてテーブルの上に置いたときに、フェースが開くパターがそれ。フェースが真上を向くフェースバランスパターのほうが合わせやすいでしょう。

目標を合わせやすいのは断然ヘッドが大きいモデル。工夫しやすいこともあり、アライメントを補助する機能が満載されています。かつて一世を風靡したツーボールパターはその代表格です。

大型ヘッドが合わない人でも、いろいろな形で方向合わせをアシストするラインを入れたモデルもありますから、選ぶ際には必ずアライメントをチェックしましょう。

まず自分が左右どちらを向きやすいのかを知る

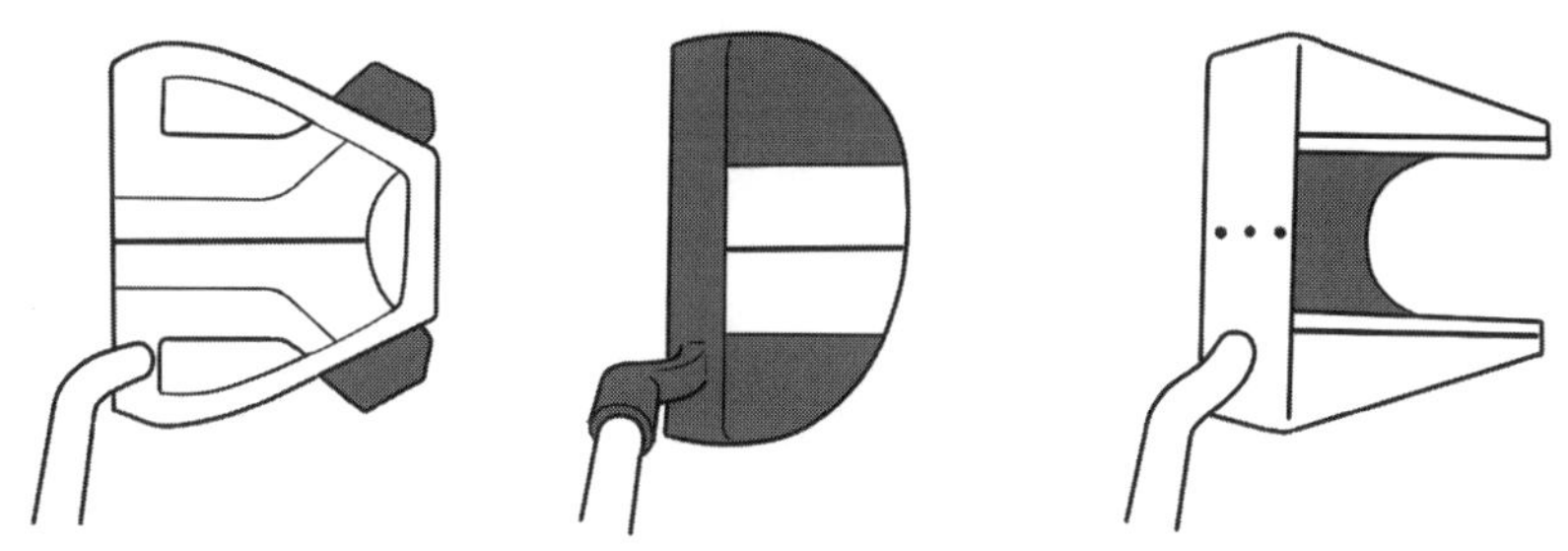

自分が右を向きやすければフェースが開きやすいパターはNG。マレットやネオマレットに代表されるフェースバランスパターが合う

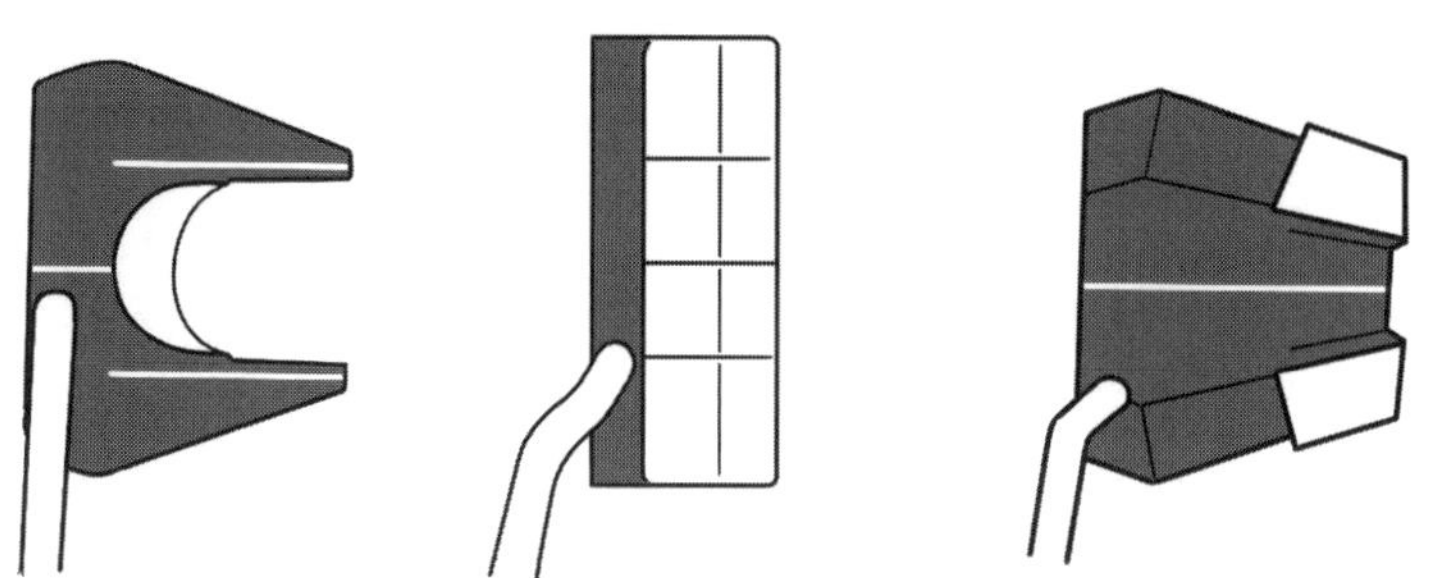

目標を合わせやすいのは大型ヘッドのモデル。アライメントを補助する機能が満載されている

おわりに

パットについてはさまざまな見解があり、テクニックがあり、修得方法があり、そのどれもが正しい。また、パッティングラインはグリーンだけでなく、タッチによってできるものであることも理解していただけたと思います。

考えれば考えるほど複雑になり、カップインさせようとすればするほど難しくなるのがパット。難しくするのもやさしくするのもプレーヤー次第です。なにやら哲学的ですが、それゆえ「パットは奥が深い」といわれるのでしょう。

そういえば、あるプロゴルファーがアメリカの著名なパッティングコーチのセミナーに参加したときのこと。高いお金を払ったにもかかわらず「パットはアートである」が最終的な教えで、新しいテクニックを修得しに行ったのにがっかりしたそうですが、確かにパットにはアートのような一面もあります。

グリーンというキャンバスにラインをイメージし、ボールを使って人それぞれのラインを描く。描き方に決まりもなければ、使う道具も使い方も自由でいい。まさにアートの境地です。

しかし、いい絵を描くには基本が欠かせません。古今東西、名画を残してきた画家たちは、漏れなくクロッキーやデッサンがうまい。その土台の上で自由奔放に絵筆を走らせています。

本書で紹介してきたのは、パットにおける基本です。もちろんすべてのことをすべてのプレーヤーが身につけなければならない、というわけではありません。自分にとっての基本となりそうなことを見つけていただければいいのですが、普段の練習でそれを身につけ、確実に実行できるようにならないとグリーン上で自分の絵は描けません。

すなわち「普段はコツコツ、実戦では奔放に」がパットの理想です。「コツコツ」の部分は練習。マニュアル的な内容になるかもしれません。でも、それだけでは毎回コンディションが変わるグリーンに対応できませんから、その部分は感性でまかなう。こちらが「奔放」の部分です。

パットは練習すればうまくなります。しかし、うまくなったからといって必ず結果が伴うというものでもありません。たくさん練習しているプロでもパットの悩みが尽きないのはそのあかし。

ですから、いたずらに結果を求めないこと。ゴルファーができるのはベストを尽くしてラインを読み、決めた方向に決めた強さでボールを打つところまで。一度打ち出したら、すべてをグリーンに委ねるしかないわけで、まさに結果は神のみぞ知る。イメージした通りの絵が描ければカップインしなくても100点で、入ったら120点。最終的には自分といかに折り合いをつけるかが、高いレベルをキープするポイントなのかもしれません。

著者

ゴルフエキスパート

◆プロフィール

長年、ゴルフ関連雑誌や書籍に関わってきたプロ集団。膨大な知識と経験を生かしたあらゆるゴルフのエッセンスには定評があり、信頼性を誇る。取材してきたプロゴルファー、ティーチングプロ、ゴルフメーカー、ゴルフ工房の数は膨大。
また、最新情報がいち早く入るパイプを持ち、悩めるアマチュアゴルファーの解決策をスピーディーに提示できるように活動している。著書に『ゴルフ 飛距離アップ大全』（小社刊）がある。

ゴルフパッティング大全
パターがめちゃめちゃ入るようになるヒント集

二〇二三年二月一八日 初版印刷
二〇二三年二月二八日 初版発行

著　者……ゴルフエキスパート
発行者……小野寺優
発行所……株式会社河出書房新社
〒一五一−〇〇五一 東京都渋谷区千駄ヶ谷二−三二−二
電話〇三−三四〇四−一二〇一（営業）〇三−三四〇四−八六一一（編集）
https://www.kawade.co.jp/

構成……岸 和也
イラスト……鈴木真紀夫
ブックデザイン・組版……原沢もも
編集……菊池企画
企画プロデュース……菊池 真

印刷・製本……三松堂株式会社

Printed in Japan ISBN978-4-309-29274-8